JN336305

子どもの作品　（桜）

パターンブロックの作品

パターンブロックの作品

キューモザイクの作品

アイロンビーズの作品

レナモザイクの作品

プリズモの作品

子どもの作品（通天閣）

まんだらぬり絵の作品

リモーザの作品

まんだらぬり絵の作品

グリムスのつみ木の作品

つみ木の作品

グリムスのつみ木

あみもの

子どもの作品

電車ホーム

子どもの作品（船）

大人も感動する

幼児のおもちゃ

3歳〜

岩城敏之

頭とからだを
いっぱい使って
子どもが育つ
おもちゃが
いっぱい！

三学出版

あいさつ

子どもが「遊んで！」と大人を求めるのは人生の中で意外と短いものです。この貴重な時間を大切にしたいものです。おもちゃは大人が想いを込めて子どもに手渡す大切なコミュニケーションの道具です。子どもが健やかに成長することと大人と楽しく幸せに過ごすための大切な道具です。

今回、「幼児のおもちゃガイド」を書き直すにあたって、単に発達やおもちゃの紹介ではなく次の事を大切にしました。

①おもちゃとおもちゃ選びを考えるヒントを入れること
②子どもとの関わり方のコツを入れること
③あそびの発展や応用のヒントを入れること

この本が子どもと大人の幸せな時間に役立つ事を願っています。

はじめに

私は子どもたちに世界の優れたおもちゃを貸し出して一緒に遊ぶという活動をしています（移動おもちゃライブラリー）。幼児の遊ぶ力の素晴らしさには、いつも驚かされます。大迫力の積木あそびを見せてくれたり、小さなビーズを根気良く並べ、とてもきれいな模様を作って見せてくれたり、大人には思いつかないようなルールを作って仲間と楽しく遊んでいたり…。子どもの能力はスゴイと思います。

私が貸し出したおもちゃで遊ぶ子どもの姿に保護者や先生方も驚かれる事が多いです。

「子どもたちがこんなに長い時間、集中して遊ぶ姿を見るのは初めてです。」

「あの子が、あんなに楽しそうな表情をしているのを初めて見ました。」

「この子がこんな力を持っているなんて知らなかったです。」

「大人の私が子どもと真剣に遊べるあそびがあるんですね。」など、

たくさんの喜びの声を聞かせてもらっています。

普段は、ブロックで武器を作り、戦いごっこばかりの子どもたちや部屋の中を走り回ったり、友達のおもちゃを奪い取ってはトラブルばかり起こす子どもたちやなかなか遊べない子どもたちが、楽しそうに自分で課題を見つけては集中して遊んでくれるのです。

「おもちゃの力」を大人に伝える方法は、百の理屈より、実際に子どもの遊ぶ姿を見る事です。さらに、大人も見ているだけでなく、手を動かして実際に遊んでみる事です。すると子どもが凄い事をしているのがわかります。

ひとりひとりの子どもの発達に合ったおもちゃやその子その子の興味に合ったおもちゃがあれば子どもは集中して遊びます。私が貸し出すおもちゃは主にドイツを中心としたヨーロッパのおもちゃです。(日本の優れたおもちゃ作家の作品もあります。) 子どもの事を良く考えて作られたおもちゃが多くあります。基本、光ったり鳴ったりする刺激的なおもちゃはありません。気をてらったおもちゃが子どもを遊ばせているのではありません。子どもが自ら主体的に遊ぶおもちゃです。積木に代表されるような、「ある一定の法

則によって作られた部品の集合体」のようなおもちゃです。「こんな単純なおもちゃで、こんなに子どもが良く遊ぶなんて不思議！」と大人が感動してくださるとうれしいです。

この本は、私がたくさんの子どもと実際に遊んで、子どもたちから学ばせてもらった事をまとめました。この本が子どもの幸せや親子の楽しいひと時に役立つ事を願っています。

そして、日本で活躍しているたくさんの優れたおもちゃ作家の仕事が正しく評価され、普及して行く事を願っています。

目次

LOADE

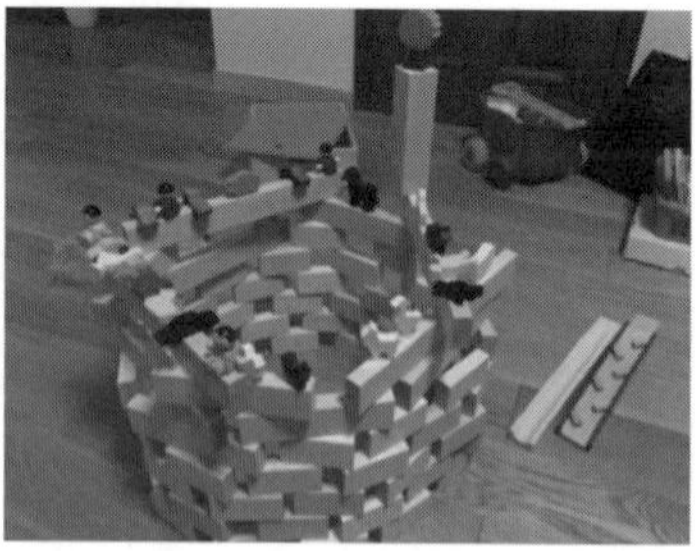

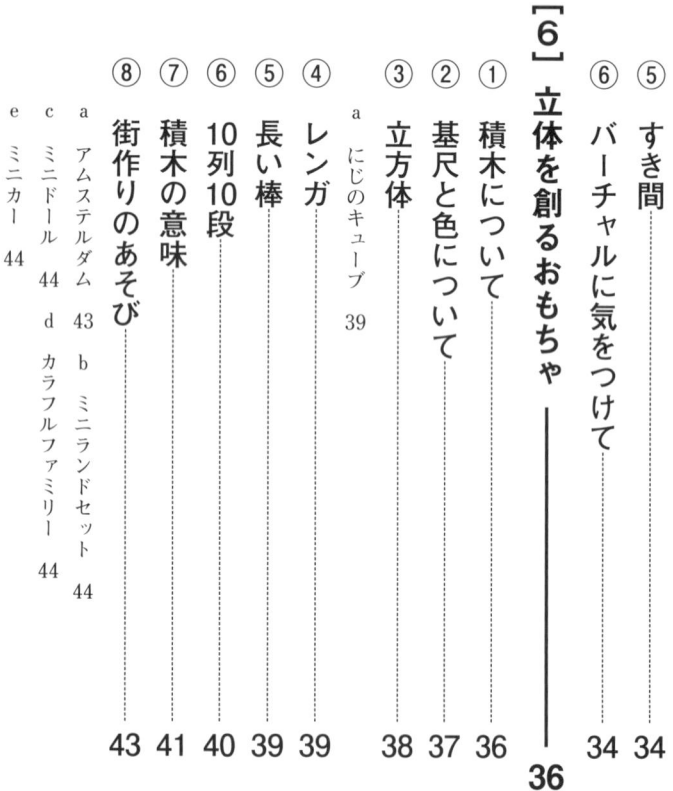

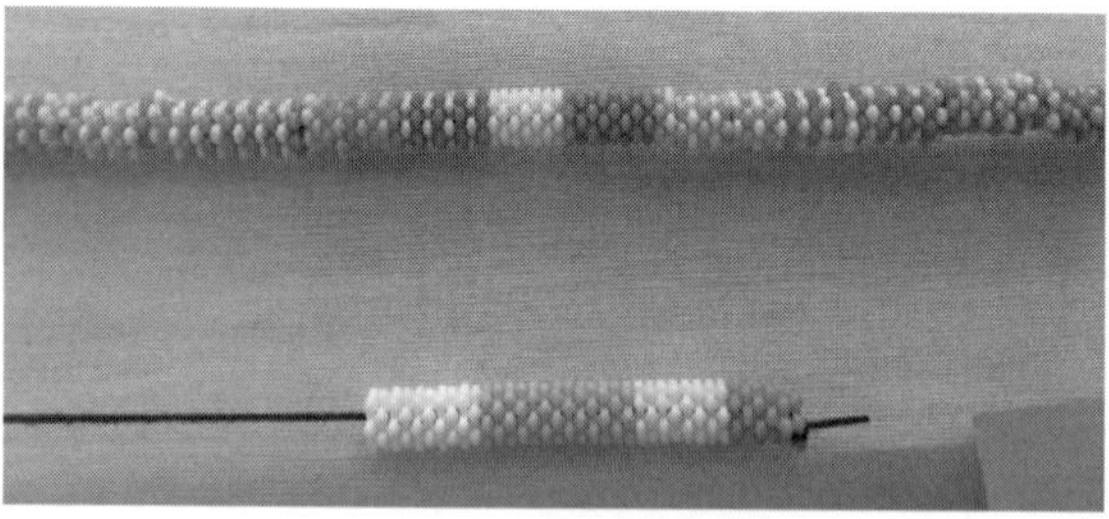

魔法のステッキ

［1］ なぜおもちゃが大切か？

① おもちゃは大人が与えるもの

—大人の責任—

子どものからだは食べた物で作られていきます。だから大人は子どもの健康や成長を考えて食べ物を良く選んで与えます。では、考える力や感じる心や筋力は何で育つのでしょうか？ それは、子どもの生活やあそびの中で育まれるのではないでしょうか。大人が子どもの食べ物を真剣に考えて与えるように、大人が子どもの生活や体験、遊びやおもちゃを考えることは大切です。「子どもが欲しがるから」と言って、お菓子ばかり買い与える大人がいないように、おもちゃ選びも子どもだけに任さないで子どもの成長を考えて大人が選び与えることも大切です。偏った食生活で病気になったのは子ども

のせいではなく大人の責任です。同じようにどんなおもちゃを子どもに与えて育てるかは大人の責任です。メーカーは売れる物を研究して作るのが仕事です。たくさんあるおもちゃの中で我が子に合ったおもちゃを選ぶのは大人の仕事です。

② 遊んで何が育つ？

ー幸せを追求する力ー

遊ぶことで育つことは一杯あります。手先を使って、手先が器用になります。筋肉を使って筋肉が育ちます。頭を使って知恵が育ちます。うれしかったり悲しかったりして心を育てます。でも一番大切なことは幸せを追求する力です。

休日をどのように過ごそうかと大人は真剣に考えると思います。与えられた時間とお金を有効に使って最善の自分らしい幸せを追求しようとしていると思います。それと同じ真剣さで子どももどんなあそびをしようか考えて

います。自分の興味のあることで自分の分かりそうなことや出来そうなことをしようとします。大人と興味が違うだけです。遊べないということはせっかくもらった命と人生をどのように使ったらいいかが分からないということです。遊べる力は幸せに生きる力です。どんな状況の中でも最善の幸せのために命やエネルギーを使うことは大切です。遊びはとても哲学的なことです。私たちも遊べる大人になりましょう。せっかくもらった命と人生なのですから。

③ 自由にして良い「物」の意味

ー自分を育てるー

たとえば、テレビやビデオを見て過ごす受身的なあそびもあれば、いろいろな廃材を使って工作するあそびもあります。出来たら、伸び盛りの子どもには、なるべく頭を使い手先を使って遊ぶあそびをたくさん与えてあげたいものです。

家の中には普通子どもが自由に使っていい物はありません。廃材ぐらいです。ほとんどの物は大人の道具で、使い方が決められています。

子どもはまだ短い人生経験の中で一生懸命考えて家の中の道具を遊びます。当然、本来の使い方と違う使い方をして子どもは遊びます。その結果叱られてしまいます。

おもちゃは子どもが自由にしてよい物です。怪我をしない、人の迷惑にならない限り自由に遊んでいい物です。そこで、子どもは自分の感じ方で感じたことを尊重し、自分の考えたことを尊重し、自分のやり方でいろいろ試して遊びます。この「感じて、考えて、行動する」活動が子どもの自立を育みます。その逆に指示命令ばかり、受身ばかりのあそびが多いと子どもの自発性や意欲や自立する心は育ちにくいかもしれません。

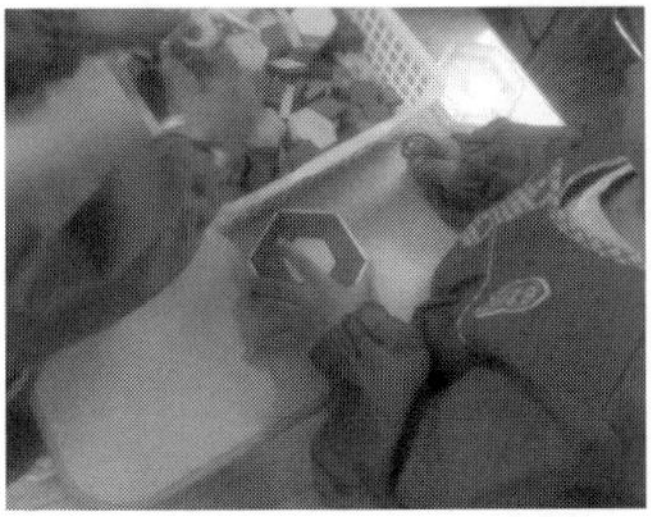

［2］おもちゃの選び方

① 子どもが選ぶと…

日本の子どものおもちゃを見ていると発達に合っていないおもちゃが多いように思います。赤ちゃんのおもちゃは大人が選ぶので、どうしても大人の価値観が強く出てしまいます。結果、赤ちゃんには難し過ぎるおもちゃを与える傾向があります。

逆に、幼児のおもちゃは子どもにおもちゃ選びを任せ過ぎています。日本は大人の手を煩わせないで子どもが遊んでくれるおもちゃが人気です。

そのため、おもちゃメーカーは消費者である子どもに直接アプローチをします。子どもが欲しがるためのさまざまな研究や作戦が考えられています。人工的にブームが作られ、購入をあおります。(例えばレア物)。そして、一

窓にトランスパレント

定量の販売が終了すると人工的に陳腐化させ、次の新製品の販売をして行きます。

その結果、子どもは簡単な模倣あそびとコレクションのあそびで終わります。子どもは持っていることと知っていることだけで満足し、優越感を感じるあそびをしています。日本の幼児のおもちゃは幼児にとって簡単過ぎるように思います。幼児は大人が感動するぐらい凄い力を持っています。もっと頭とからだを使ってわかることと出来ることにエネルギーを使って欲しいと思います。

② 日本のおもちゃ VS ドイツのおもちゃ

日本のおもちゃ屋で生まれ育った私は「おもちゃの大切さ」について長い間、悩んで来ました。日本はおもちゃの研究があまりなされていないので学ぶべき書物も無かったのです。

独学でおもちゃを学んで行くうちにドイツのおもちゃと出合いました。

日本と全く違う考え方で作られたおもちゃは私にとって大きなカルチャーショックでした。

ヨーロッパでは世界で最初のキンダーガーデンを作ったフレーベル以来、幼児教育の専門家がおもちゃを研究して人々に影響を与えてきたのです。おもちゃ屋で育った私の常識をひっくり返すようなショックがいわき玩具店の後継ぎの私を変えました。売れるおもちゃから売りたい、広めたいおもちゃを扱うことが私のライフワークになりました。（最初の著書『かしこいおもちゃの与え方』が私の試行錯誤の軌跡です。）

日本の常識は決して世界の常識ではありません。おもちゃも同じです。以下、みなさんのおもちゃ選びのヒントになることをあげてみます。

③ 刺激のコントロール

赤ちゃんに与える食べ物は刺激の少ない物から与えるように、おもちゃも刺激の少ない物から与えるようにしましょう。暴力的な物や性的な刺激の強

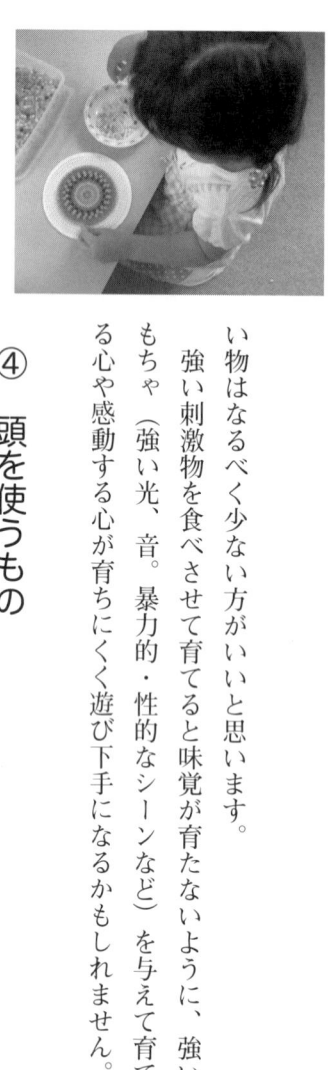

い物はなるべく少ない方がいいと思います。

強い刺激物を食べさせて育てると味覚が育たないように、強い刺激的なおもちゃ（強い光、音。暴力的・性的なシーンなど）を与えて育てると面白がる心や感動する心が育ちにくく遊び下手になるかもしれません。

④　頭を使うもの

スイッチを入れたら映像を見てるだけで時間が過ぎるおもちゃより、出来るだけ子どものアクションに対してリアクションのある、応答的なおもちゃを大切にしてください。

脳の成長期は出来るだけ脳を使うあそびをさせてください。「不思議！何でだろう？試してみよう！」と思うようなあそびとおもちゃが大切です。

⑤　からだを使う

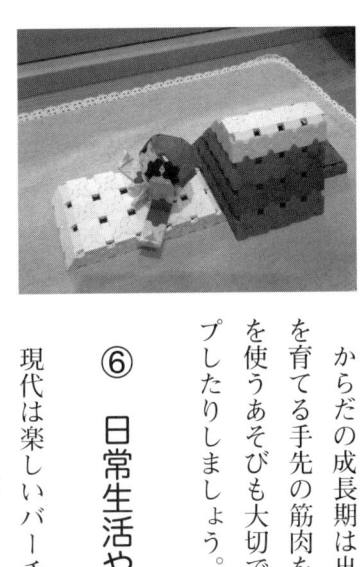

からだの成長期は出来るだけからだを使うあそびをさせてください。根気を育てる手先の筋肉を使うあそびも大切です。また、ダイナミックにからだを使うあそびも大切です。体力の限界に挑戦するぐらい走り回ったりジャンプしたりしましょう。

⑥ 日常生活や社会や自然へ

現代は楽しいバーチャル世界がいっぱいです。出来るだけ子どもの興味を日常生活や社会や世界や自然に向けるようにしましょう。ままごとや職業ごっこは日常生活や社会を学ぶ大切なあそびです。

ドイツのジグソーパズルやおもちゃのデザインは日常生活や社会や自然のイラストがほとんどです。日本では油断するとキャラクターのおもちゃばかりになってしまいます。

⑦ ゲームが違う

ドイツの子どもにとって「ゲーム」は家族や友達と遊ぶボードゲームのことを言います。トランプや双六がどんどん進化しています。機械と向かい合う遊びより、生の人間どうしで「勝った！うれしい！負けてくやしい！」をいっぱい経験させてあげましょう。

⑧ 想像力と創造力

決まった答えを目指すあそびだけで無く、答えのない、子どもの感じるまま表現出来る遊びを大切にしてください。パズルやプラモデルは一つの答えを求める遊びですがモザイクや積木は無限の可能性を追求するあそびです。

イメージを広げ（想像力）、いろいろと表現（創造力）するあそびが未来を拓《ひら》きます。

⑨ 自由でいろいろなあそび方が出来る

例えば、一つのレンガ型の積木はビルになったり、バスになったり、道や壁になったりします。一つのおもちゃが子どもの思いのままにいろいろ遊べるおもちゃも大切です。

取り扱い説明書の通りにしか遊べないおもちゃより、自由に遊べるおもちゃが創造力を育てます。

⑩ 安全と危険

安全はおもちゃ選びの条件です。しかし、活発な幼児は行動範囲が広くなりますので、親のいない所で大きなケガをする可能性が高くなります。

子どもが大きなケガをしないように何が危険かを教えることも必要です。

子どもから危険を遠ざけたり守ったりするだけでなく、わざわざ危険を経験

させることも大切です。

⑪ 部品の補充

流行のおもちゃは売り切って終わるものが多いですが、スタンダードなおもちゃは孫やひい孫の代まで使えます。そのために、部品が無くなっても部品が注文出来ることは大切です。取り扱いの一〇〇%の部品補充は無理ですが、しっかりしたメーカーの基本的なおもちゃは、部品の取り寄せが出来きることが多いです。

⑫ 修理出来る

複雑な仕掛けのおもちゃは、一度壊れたら捨てるしかありません。単純な仕掛けのおもちゃは、子どもにとって動きの原理を学ぶためにも大切です。また、大人が修理することで尊敬されます。何よりも、物を大切にする心

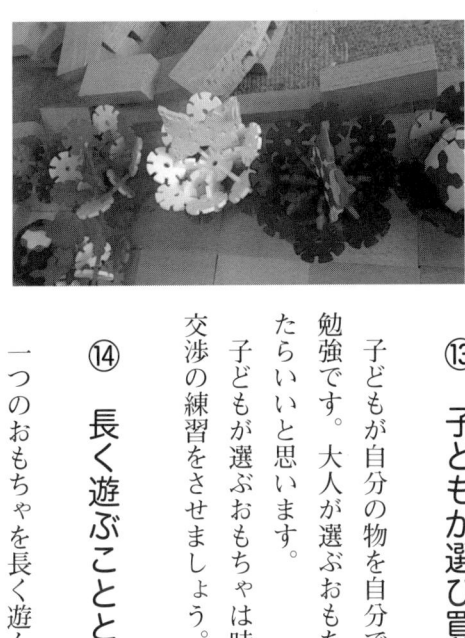

「もったいない」を教えるチャンスです。

⑬　子どもが選び買う練習

子どもが自分の物を自分で選ぶ経験は大切です。例えそれが失敗でも良い勉強です。大人が選ぶおもちゃは、子どもの成長に合わせて必要な時に与えたらいいと思います。

子どもが選ぶおもちゃは時と予算を伝えて、見通しや計画を立てる練習や交渉の練習をさせましょう。

⑭　長く遊ぶこととあきること

一つのおもちゃを長く遊んで欲しいのは大人の願いです。創造力を使うあそびは長く遊んでくれます。表現したいことが無くなると終わりますが、表現したい事柄の刺激を与えてあげると、また遊び始めます。

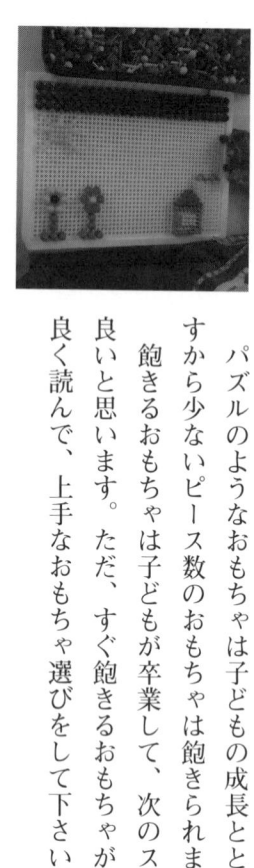

パズルのようなおもちゃは子どもの成長とともにピース数が増えていきますから少ないピース数のおもちゃは飽きられます。

飽きるおもちゃは子どもが卒業して、次のステップに上がったと考えても良いと思います。ただ、すぐ飽きるおもちゃが多いのも現実です。この本を良く読んで、上手なおもちゃ選びをして下さい。

⑮ からだで覚えるあそびの大切さ

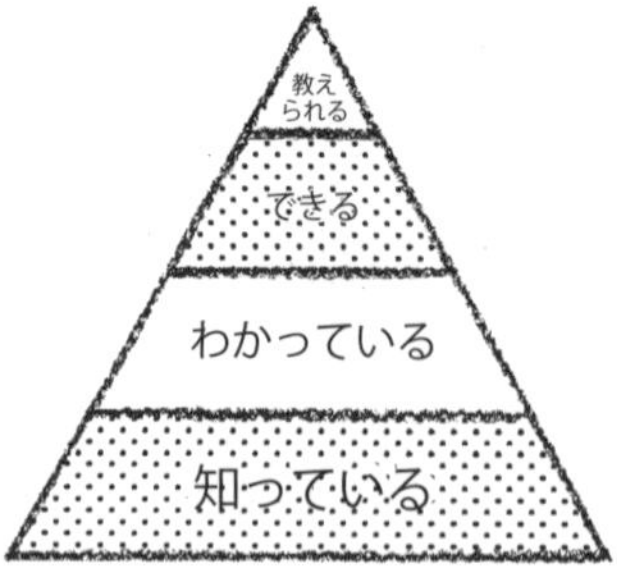

子どもがあそびを通じて成長・成熟していく段階があります。知っているレベル、わかっているレベル、出来るレベル、教えるレベルです。

例えば、独楽《こま》回しで言うと、独楽は紐を巻き付けて投げるとまわる物と知っているレベル。独楽回しには巻き方や投げ方にコツがあることがわかっているレベル。何度も失敗と成功を繰り返してコツをからだで体得し独楽を回すことが出来るレベル。独楽を回せない友達がどこでつまずいているかが良くわかり、適切に教えることが出来るレベル。

※若い頃に身につけた技術や技は年をとっても忘れない、覚えているので衰えないということ。いろはかるたの一つ。

こうして独楽回しを習熟した子どもは大人になっても回すことが出来ます。「昔※取った杵柄《きねづか》」です。

このような習熟が無いと文化は伝承されません。私たちが美味しいフグを食べることが出来るのは、伝承があるからです。

しかし、現代の子どものあそび文化は知っているレベルと持っているレベルで喜んでいるように思います。情報を消費するだけのあそびからもっとからだで覚えるあそびを増やしてあげて下さい。

⑯　子どもが先生

ケガをしない、人の迷惑にならないあそびは、基本全てはＯＫです。時には大人が意図していないあそびをして驚かせてくれることがあります。そんな時はケガをしない人の迷惑にならない限り見守ってあげて下さい。

そして、子どもが何を面白く思っているのか？　何にチャレンジしようと思っているのか？　どんな勘違いをしているのか？を推測してみましょう。

子どもの心や知識や手先の育ちが良く見えます。次の段階のおもちゃを見つけるヒントもいっぱいあります。おもちゃの先生は子どもですから。

子どものあそびは大人の想像を越えます。もし、子どもたちが大人の想像力を越えられなかったら未来は終わってしまいます。子どもは未来そのものです。未来を切り開く子どもを育てるためにも子どもの想像力を育みたいものです。

ケガをしない、人の迷惑にならない限り、子どものとんちんかんな勘違いを尊重してあげて下さい。大人は頭が固くなっていて、AのおもちゃはA、BのおもちゃはBと決めつけています。子どもは常識がない分とらわれがなく、自由に感じたまま表現します。

ある園の子どもが赤色の台形のモザイク（パターンブロック）をままごとコーナーの調理台に六個並べ、包丁を使い、まるでマグロの刺身を切るようなあそびをしていました。マグロそっくりに見えて私は感動しました。大人は「そのおもちゃは机で模様を作るおもちゃでしょ！ままごとに使わないで！」と言ってしまいます。

子どものおもちゃを考える時は子どもの姿から大人は学ぶことが大切です。

⑰ メーカーの仕事

メーカーの仕事は人々が求める物を作り、お客様が喜んでいただいて売上を伸ばし、従業員に給料を払い、税金を払い、社会に貢献することです。これは日本のおもちゃメーカーもドイツのおもちゃメーカーも同じです。

昔、スイスの有名なおもちゃメーカーの社長さんに質問をしたことがあります。素晴らしいおもちゃを作られているので「どのような観点でおもちゃを作られているのですか？」と聞くと「斬新なデザイン、売れるもの」と答えられました。私は子どものことを考えて…と言う崇高な理念が聞けると思っていたので驚きました。

そして、思ったのです、売れる物が違うんだと。それはおもちゃを買い与える大人の価値観が違うと言うことです。子どもの育ちはメーカーの責任で

はありません。与える大人の責任を考えなければ子どもの状況は変わらないと思います。

⑱　赤ちゃんから守る

幼児のおもちゃは赤ちゃんと相性が悪いです。幼児のおもちゃは細かい物が多く赤ちゃんには向きません。また、幼児のしたがるあそびは難しくて赤ちゃんにはできません。だから一緒に遊ぶのは難しいのです。

兄姉が一所懸命時間をかけて作った物を赤ちゃんは一瞬の隙を狙ってつぶしてしまいます。当然兄姉は腹をたてて赤ちゃんを叱ります。赤ちゃんはびっくりして泣きます。すると、大人は「赤ちゃんを泣かしてはダメでしょ！」と兄姉を叱ります。兄姉は踏んだり蹴ったりです。

赤ちゃんは兄姉を困らせようと思ってつぶしたのではなく「お兄ちゃんと遊ぼう」「お姉ちゃんは何しているのかな」と近づいて来たのです。その時、大人は赤ちゃんと幼児が平和に過ごせるようにしてあげて下さい。

兄姉には赤ちゃんはぁなたが大好きで一緒に遊びたがっていること、赤ちゃんは兄姉と同じことをしたいとチャレンジしていることを教えてあげて下さい。

決して兄姉が嫌いで、わざと邪魔をしているのでは無いこと、赤ちゃんだから上手に出来なくてつぶしてしまうこと、赤ちゃん自身も出来なくていらいらしてパニックになることなどを教えてあげて下さい。

兄姉には赤ちゃんの理解と赤ちゃんとの上手な付き合い方を学び練習してもらいましょう。

⑲ お世話を学ぶ

兄姉には赤ちゃんと遊ぶあそびを教えてあげて下さい。少しでも上手に遊んでくれたら「うれしいわ、助かるわ」と喜んであげて下さい。

赤ちゃんから自分を守る方法

・赤ちゃんに触って欲しくないものは赤ちゃんの手の届かない所に保管すること。

・細かい部品などは箱に入れて遊び、いざというときはすぐに運べるようにしておく。

・赤ちゃんの手の届かないテーブルで遊ぶ。

・赤ちゃんが近づくと、とりあえず何かを持たせてあげる。この時、楽しそうに遊んで見せて渡すのがコツ。

・役割を与えたり、用事を与える。例えば、あれ取って来て！とか、これママに渡して来て！とか…

・大人の助けを呼ぶ。大人が解決出来ないトラブルを幼児が解決できるはずがありません。大人が解決の見本を見せてあげて下さい。いつか、子どもが大人から学んで使ってくれます。

［3］ 教育とあそび

① 勉強と学習

私は子どもの頃、親に「遊んでばかりいたらあほになる！勉強しなさい！」と良く叱られました。勉強が終わったら遊んでいいとか仕事をがんばったら遊べるとか一般的に「あそび」は教育や仕事と反対の活動のように思われています。

「教育する」と言うことは、大人の子どもへの積極的な活動です。子どもが興味関心を持って意欲的に学習すると学習効果は高くなります。嫌々勉強したのでは実力になりにくいです。そこで、教師は子どもが意欲的に学習したくなるよう教育技術を日々研究されています。しかし、子どもからすると教育される側になり、受身的な関係になりがちです。

学習　VS　勉強

一般的な教育は次のような形です。大人がある事柄を子どもに教えると子どもはその事柄を知ります。大人は子どもが覚えたかどうかを確かめるためにテストをします。

遊んで学習するあり方は次ような形です。子どもが主体的自発的に世界に興味関心を持って、自分の感じ方や考え方や関わり方でいろいろなことを発見し喜びを持って学習していきます。そして、人生の（まだ数年の人生ですが本人の人生では初めての）新発見を大人に誇らしげに報告してくれます。大人は子どもの発見を共感と喜びを持って受け止める方法です。

大人が教えることで子どもの発見の喜びを奪っているかもしれません。しかし、もし教えなかったら子どもは知らないまま卒業していくかもしれません。どうしたら大人の教える活動と子どもの遊んで学習する活動を一致させる事が出来るでしょうか？　ここにおもちゃの役割があります。

②　教育とおもちゃ

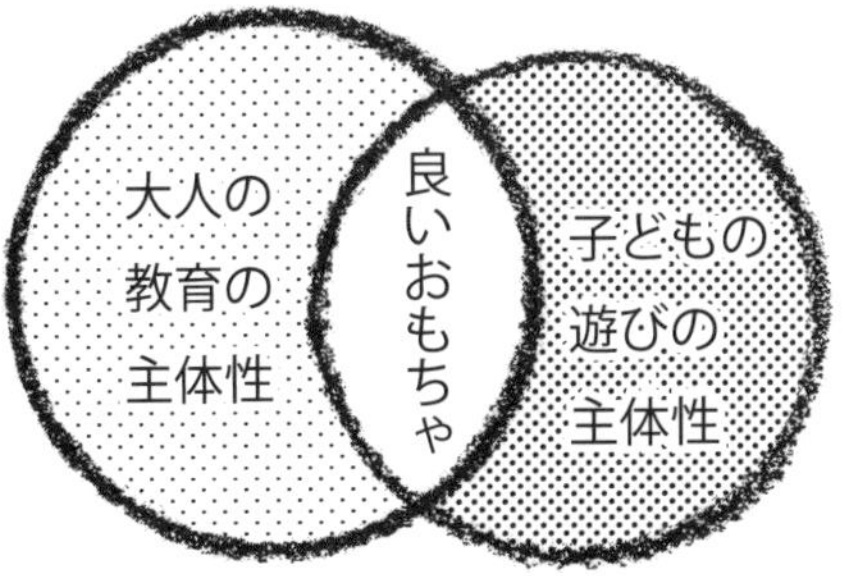

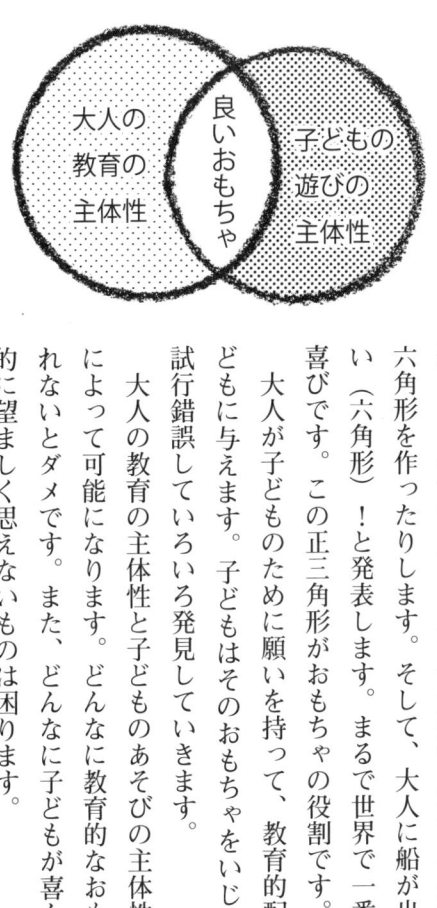

例えば、大人が黒板で正三角形の絵を書いて正三角形の特徴を教える方法もありますが、子どもに正三角形のおもちゃを自由に遊んでいいよと渡す方法もあるのです。子どもが正三角形を並べて菱形を作ったり台形を作ったり、六角形を作ったりします。そして、大人に船が出来た（台形）！ミカンみたい（六角形）！と発表します。まるで世界で一番最初に発見発明したような喜びです。この正三角形がおもちゃの役割です。

大人が子どものために願いを持って、教育的配慮して作ったおもちゃを子どもに与えます。子どもはそのおもちゃをいじくりながら、あそびながら、試行錯誤していろいろ発見していきます。

大人の教育の主体性と子どものあそびの主体性が一致する状況がおもちゃによって可能になります。どんなに教育的なおもちゃでも子どもが遊んでくれないとダメです。また、どんなに子どもが喜んでいても大人から見て教育的に望ましく思えないものは困ります。

大人の教育の願いと子どものあそびの面白さの接点に良いおもちゃがあると思います。

③ おもちゃの分類

私はおもちゃのことをわかりやすく説明するために分類しています。

・おみやげ

子どもを喜ばそうと思って与える物。現代日本では刺激の強い物になる傾向があります。離乳食と同じ考え方で子どもの成長を助けるおもちゃも選んで欲しいと思います。

・クラフト

暮らしに美しさと潤いを与えてくれる物。お雛様や装飾的な物。

・教材

子どもの能力を育てるために大人が子どもにさせる物。どれで遊ぶか子どもがおもちゃを選べなく、遊び方も決められている物。大人の教育的主体性が優先し、子どもはお付き合い的に関わることがある。

・教具

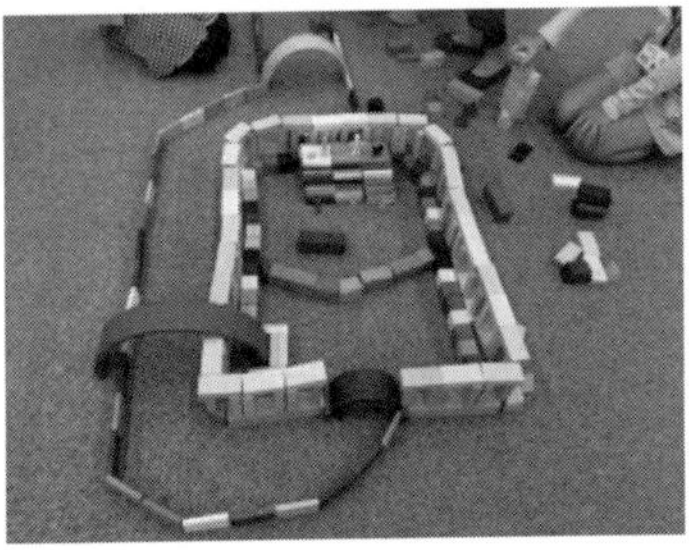

どれで遊ぶか選ぶ自由はありますが遊び方が決められている。子どもの意欲と大人の教育的主体性を大切にした物。

・おもちゃ

子どもが面白いと思って遊んだ物。例えば、子どもがテーブルに乗る遊びをしていると、テーブルをおもちゃにしていると大人は言います。でも、テーブルをおもちゃにされると困るので、「テーブルには乗らないで、その代わり、この箱は乗っていいよ」と与えた箱が大人がわざわざ用意したおもちゃです。子どもがもっと遊びやすく、安全でもっと挑戦したくなる物を大人がわざわざ教育的配慮して作った物を教育的なおもちゃと言います。この本でみなさんにお伝えしたいおもちゃはこれです。

〔4〕幼児のあそびの特徴

① 乳児から幼児へ

混沌とした周りの世界と一体化していた赤ちゃんが一歳半位から、自分という存在を確立するため強い自己主張をし、とても頑固な生き方をしはじめます。

自分の物！自分がする！とアピールします。思い通りにならないとすぐパニックになったりします。子育てで大変な時期です。お人形さんのようなかわいいだけの赤ちゃんから意思を持ったひとりの人間になって来たということです。

この時期は「いっぱい！」「全部！」「大きい」「重い」「早い」「強い」が好きです。赤ちゃんが面白く思うことは大人には面白くないことが多いです

（この時期のあそびとおもちゃについては拙著『赤ちゃんのおもちゃ』に詳しく書いています）。３歳前には「一直線」「同じ色」「同じ形」「同じ向き」にこだわります。「一緒」が好きだったのが「一緒じゃない」と違いがわかる知的な発達も進んで来ます。

それが３歳を過ぎて来ると、少しずつ落ち着いてきます。白か黒かの世界から、中間がわかったり、真ん中がわかったり、順番がわかったりしはじめます。我慢も少しずつ出来るようになります。

今まで自分がテーマで自分しか見えなかったのが自分という存在が一段落して少しずつ周りの世界が見えはじめてきたのです。好き嫌いしかなかった関係が一番好きなのは○○ちゃんでその次は□□ちゃんと序列化して来ます。友達と長く遊ぶことができ、集団生活にも順応出来るようになります。

大人が面白く思うことと子どもが面白く思うことが重なって来ます。大人と子どもが一緒に楽しめるあそびがたくさんあります。

４歳を超えると大人も夢中になるぐらい楽しいおもちゃがあります。さらに５歳を超える子どものおもちゃは大人でもかなり難しいものがあります。

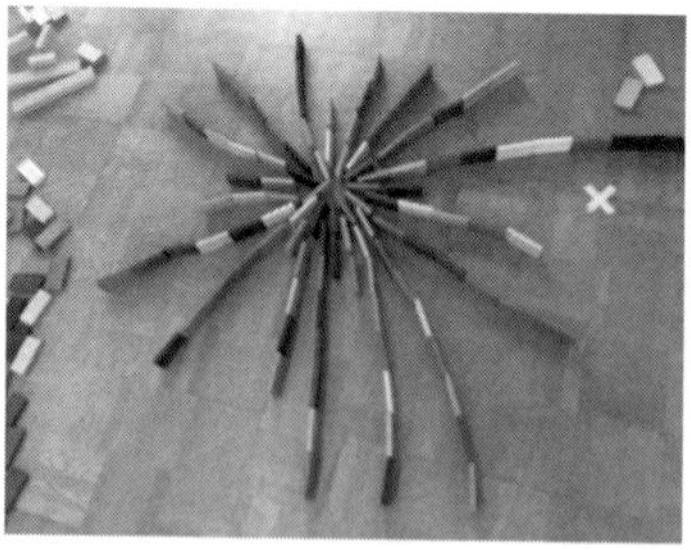

おもちゃのパッケージに対象年齢が「4歳から99歳まで」と書かれているものがたくさんあります。これは、子どもから大人まで楽しめますという意味です。もちろん一〇〇歳もOKです。

② 幼児のあそびの特徴

幼児期になるとあきらかに今までと違った発達の姿が見えてきます。その特徴を4つのジャンルに分類してみました。

1．立体を作る

今まで平面的なあそびだったのが立体的な表現が増えてきます。積木の積み方も一直線に積み上げていたのが互い違いなど複雑な積み方もできるようになります。

2．きれいな模様を作る

今まで同じ色や形を集める分類するあそびだったのが赤白赤白のツートン模様から虹色のような秩序だった組み合わせができるようになります。

３．友達と遊ぶ

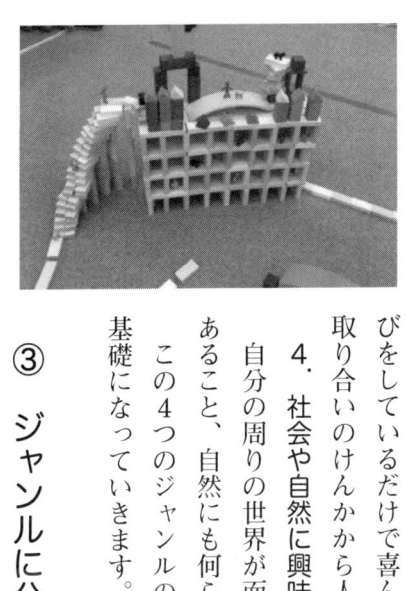

友達に興味があり、近づくのだけれど、すぐけんかになっていた子どもが、友達と仲良く遊ぶ時間が長くなります。友達のそばにいてるだけや同じあそびをしているだけで喜んでいたのが友達と関わって遊びたくなります。物の取り合いのけんかから人間関係のけんかに変わってきています。

４．社会や自然に興味が広がる

自分の周りの世界が面白くなってきます。社会にはいろんな職業や約束があること、自然にも何らかの法則があることがわかってきます。

この４つのジャンルのあそびは小学校の算数、国語、理科、社会の学習の基礎になっていきます。

③ ジャンルに分類すること

４つの分類は絶対的なものではありません。あそびは総合的なので、一つのあそびが複数のジャンルにまたがることがあります。分類する作業は物事

を説明しやすくするためのものです。あそびはいろんな分類の仕方があります。外あそびと室内あそびという場所で分ける事や内容的な分類としては役割あそび、音楽あそび、造形あそび、運動あそびなどがそうです。

例えば、机の上で遊ぶあそびと床で遊ぶあそびに分けてみましょう。それぞれどんなあそびがあるでしょうか？

赤ちゃんは床で遊ぶあそびがほとんどですが2歳位から長い時間座ってひも通しやパズルをしたりできるようになります。3歳を過ぎた幼児のあそびは50％以上が机の上で遊ぶあそびになってきます。机の上で遊ぶおもちゃや遊ぶ時間が充分にあるでしょうか？日本の子どものあそびを見ていると床で遊ぶことが多いように思います。床はみんなの通路だったりするので遊ぶ子どもは歩いて来る人が邪魔で集中出来ず、歩いている子どもは遊ぶ子どもが邪魔になります。結果散らかったりトラブルがおきます。

机の上で手先を使う細かいおもちゃで遊ぶあそびも大切にしてあげたいものです。分類することで子どものあそびのバランスが見直すことが出来ます。

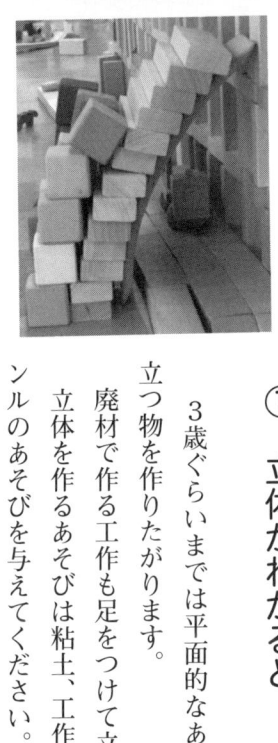

[5] 立体を創るあそび

① 立体がわかると

3歳ぐらいまでは平面的なあそびが中心だったのが3歳を過ぎてくると立つ物を作りたがります。

廃材で作る工作も足をつけて立たせようとしはじめます。

立体を作るあそびは粘土、工作、ブロック、積木です。幼児期にはこのジャンルのあそびを与えてください。

② 立体を表現する座標軸

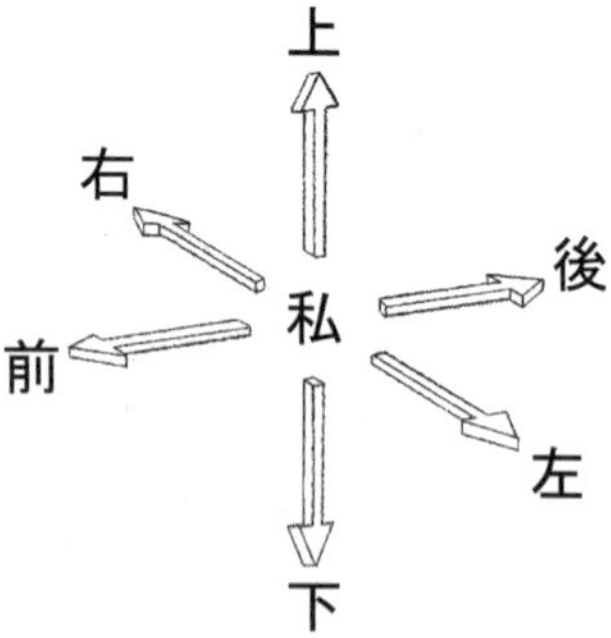

4歳ぐらいから子どもは右手と右の方向、左手と左の方向がわかりはじめます。今まで漠然としていた周りの世界を自分を中心とした座標軸を使って世界を整理しはじめます。

遠い近いの序列や好き嫌いの序列を整理しはじめます。自分を中心とした上下、左右、前後と言う座標軸が立体を理解し表現出来る力です。3歳ぐらいまでは「いっぱい・全部」、「まっすぐ一直線」、「同じ方向に並べる」、「同じ形や色を集める」が面白く興味の対象だったのが何か意味ある空間を表現しはじめます。

この時期に子どもに立体を表現する道具を与えてあげて下さい。

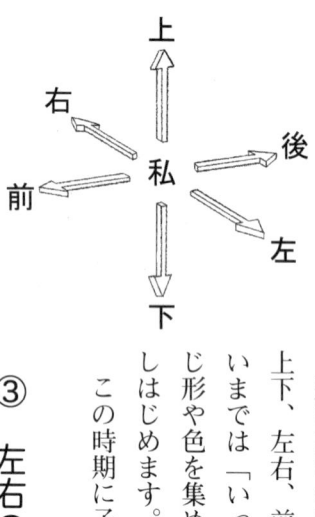

③　左右の小話

子どもにとって右左は意外と難しいことです。「右回り」はどっちの方向か大人も曖昧な場合があります。右回りは時計回りと決められています。ところが自分の前にある時計の回る方向と自分の後ろにある時計の方向は反対

になっています。

テーブルでゲームをする時、右回りは時計回り又はひらがなの「の」の字回りですが、そうすると自分の左の人の方向に順番が回ります。やっと右手と右の方向、左手と左の方向がわかってきた子どもにとって混乱がおきます。「向かって右」と言う言葉があるように誰から見て右か？と言うのが左右の方向です。東西南北は人がどこを向いていても北は北ですが左右は自分を中心にした座標軸です。誰から見て右かが大切です。向かい合っている人同士の右は全く反対です。

ボードゲームやサークルゲームをする時は「右回り」より「右の手の方向に回ろう」とか「左の方に回ろう」と言ってあげて下さい。

④ 階段

1の高さの次は2、2の高さの次は3と、高さの順番がわかってきます。大人が積木などで階段を作って見せると興味を持って模倣します。1、2、3

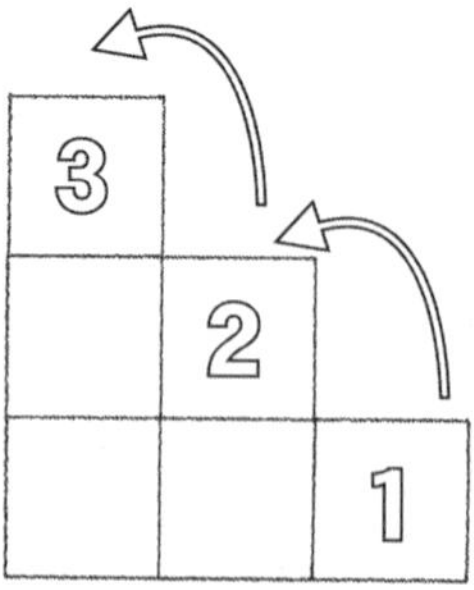

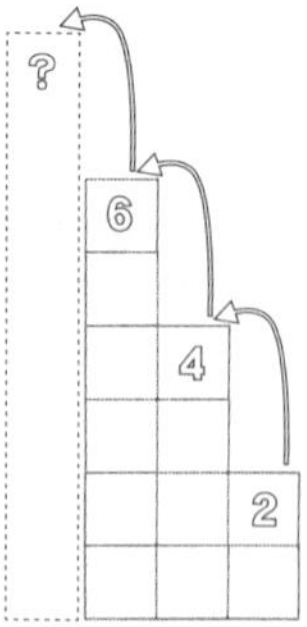

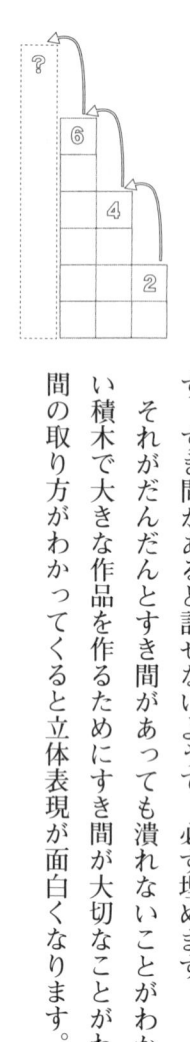

の順番がわかって来ます。

さらに序列がわかって来ると難しい秩序がわかり見通しを持ち始めます。2の高さの次は4、4の高さの次は6、では6の高さの次は何?って遊んで見てください。

⑤ すき間

3歳までは積木を積む時にすき間を空けないようにきちっと積み上げます。すき間があると許せないようで、必ず埋めます。

それがだんだんとすき間があっても潰れないことがわかってきます。少ない積木で大きな作品を作るためにすき間が大切なことがわかってきます。空間の取り方がわかってくると立体表現が面白くなります。

⑥ バーチャルに気をつけて

子どもは現実の世界で生きて行くための様々なスキルをあそびを通じて身につけて行きます。立体や空間を理解する脳は幼児期にほぼ完成すると言われています。長さ、広さ、高さを子どもは五感を使って情報を脳に送り、脳が理解し判断し、自分のからだを対応させます。この時期には本当の立体や空間を体験する遊びが大切です。

長時間バーチャルな映像を見て過ごすことは目が悪くなるより脳の成長が心配です。ニンテンドーは3DSの注意書きをインターネットで公開されています。バーチャルのあそびはあわてて脳の成長の早い時期に与えなくてもいいと思います。現代社会でバーチャルのあそびをゼロにするのは難しいですが、意識的に本当の体験を与えないと育たない時代でもあります。

（いままでのゲーム機でも目安として1時間ごとの休憩をおすすめしてきました。3D映像でゲーム機を楽しんだ場合も、同じように疲れや不快感といった症状が起こることがわかっています。…6歳以下の小さなお子様の視覚は発達段階にあると言われており、専門家は、…左右の目に異なる映像を届ける3D映像は、小さなお子様の目の成長に影響を与える可能性があるという見解をもっています。http://gxc.google.com/gwt/x?client=ms-kddi_blended-jp&wsc=tb&wsi=f488d4575cf77a2c&u=http%3A%2F%2Fwww.nintendo.co.jp/3ds/info.html&ei=zVbOTbO9Ls_jkAW9w_W7CQ）

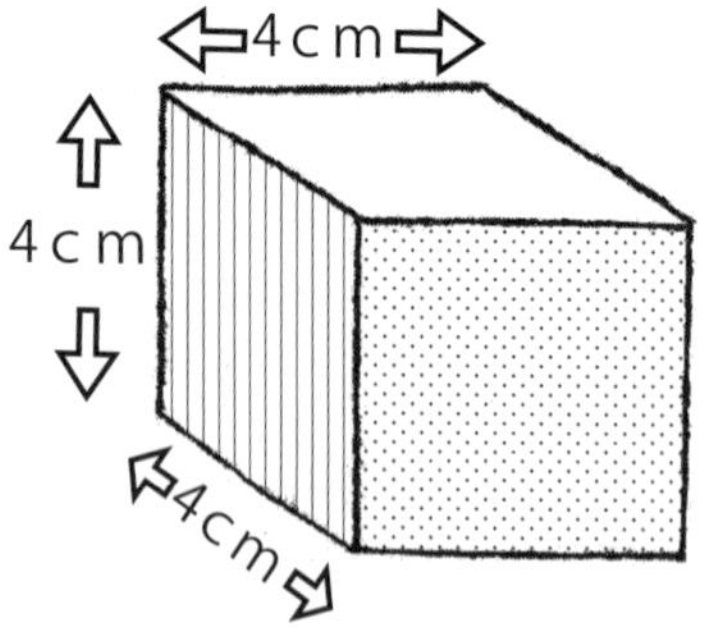

［6］立体を創るおもちゃ

① 積木について

立体を作るあそびの代表は積木です。日本では積木は赤ちゃんのおもちゃと思われていますが赤ちゃんだけではありません。大人まで夢中になるおもちゃです。立体を理解するために赤ちゃんから積木を与えることは大切です。しかし、赤ちゃんは舐《な》める、投げる、崩す、並べる、ちょっと積む程度のあそびです。3歳までに自分の身長までまっすぐ積み上げることができたら優秀です。上手に積めるようになると積木が足らなくなり、あそびが終わってしまいます。そのため、あまり遊ばないおもちゃと思われがちです。

本格的な積木あそびは立体を表現できる幼児からになります。子どもが2歳か3歳になったら積木を買い足してあげてください。子どもは高く積み上

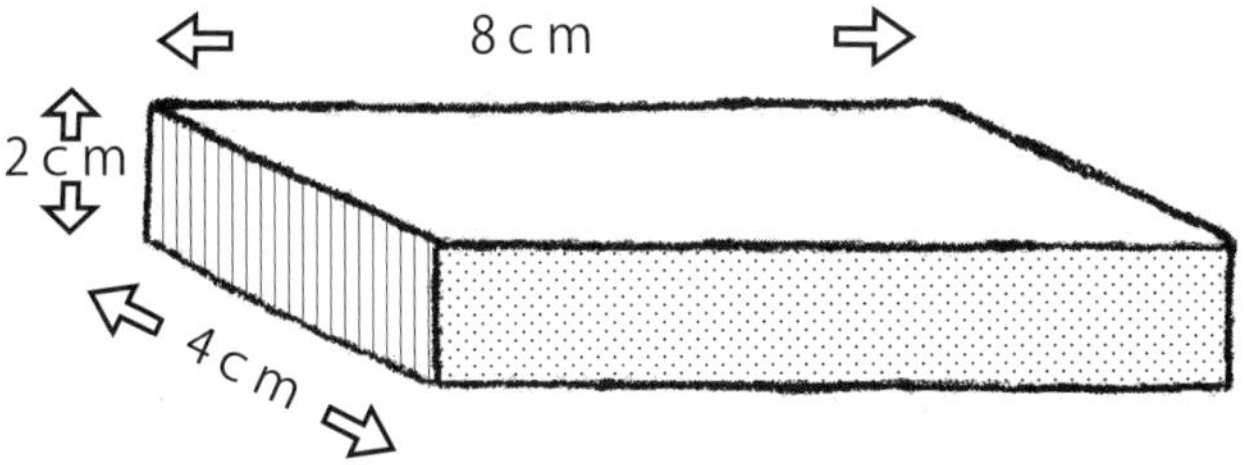

げるために1ミリを調整する手先を育てます。ブロックと違い、積木は、ずれたり、崩れたりを経験しながらバランスを感覚で学ぶあそびです。また、積木をバスや電車に見立てたりビルや道に見立てたりします。積木をあそびを通して子どもは集中力、手先、考える力、問題解決の力、数学、物理学、論理的思考、想像力などを育てます。積木はおもちゃの王様です。

積木あそびは拙著『つみ木あそびの本』（写真集）を参考にしてください。子どもの作品に感動しますよ。

② 基尺と色について

基尺というのは積木のサイズを表す言葉です。立方体の一辺の長さを言います。例えば、4センチ基尺の積木は一辺の長さが4センチの立方体を基本として作られていると言うことです。直方体（レンガの形）だと縦2センチ、横4センチ、高さ8センチになります。4センチの立方体を2ケ積んだ高さと直方体の高さが同じです。基尺が同じ積木で遊ぶとサイズがあってあそび

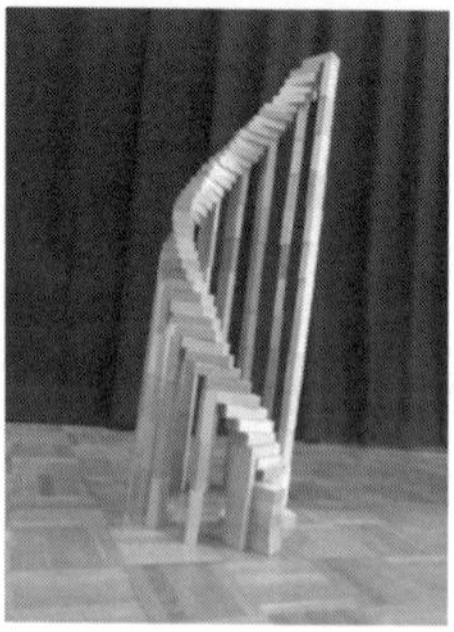

やすいです。積木を選ぶ時は基尺を考えて選んでください。

主な積木の基尺が同じであれば、違う基尺の積木は飾りにすればいいです。

積木の色について良く質問されます。白木の積木と色のついた積木を見比べると、色付きがきれいに見えます。しかし、積木で作品を作っていくと、かえって色が邪魔になることがあります。好きな色が好きなだけ使えたらいいのですが、数に限りがあるので仕方なしに違う色を使わなくてはなりません。結果、サイケデリックな色彩の作品になってしまうことがあります。例えば、花柄のブローチは無地のブラウスに映えるように、白木をベースに色のある積木などをアクセントにするときれいな作品に仕上がります。

③ 立方体

一辺の長さが同じ立方体は積木の基本的な形です。この安定した形の立方体は立体物を作る時には余り便利ではありません。数学的には基本的な積木ですが積木あそびのために買い揃《そろ》える時は飾り程度でいいでしょう。

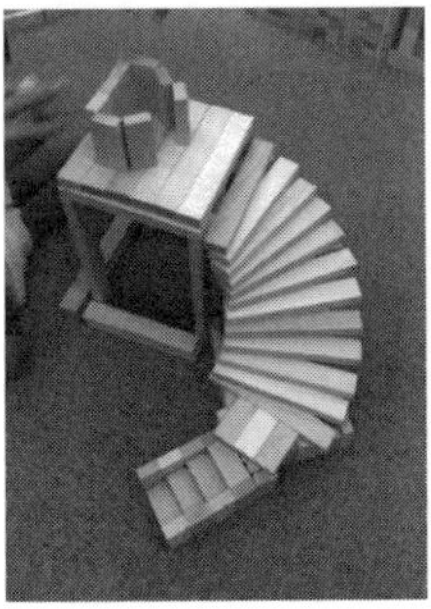

a　にじのキューブ

ドイツ・グリムス社の積木は色彩がとてもきれいです。虹色のグラデーションの積木は並べるだけで楽しいです。赤ちゃんから遊べます。積木あそびの色のアクセントになります。

④　レンガ

直方体＝レンガ形の積木は立体を表現するのに便利な形です。人類がレンガやコンクリートのブロックを直方体にしたのは立体物が作りやすいからです。

立てて使ったり、横にしたり、寝かせて使ったりと3つの顔を持つ積木です。

⑤　長い棒

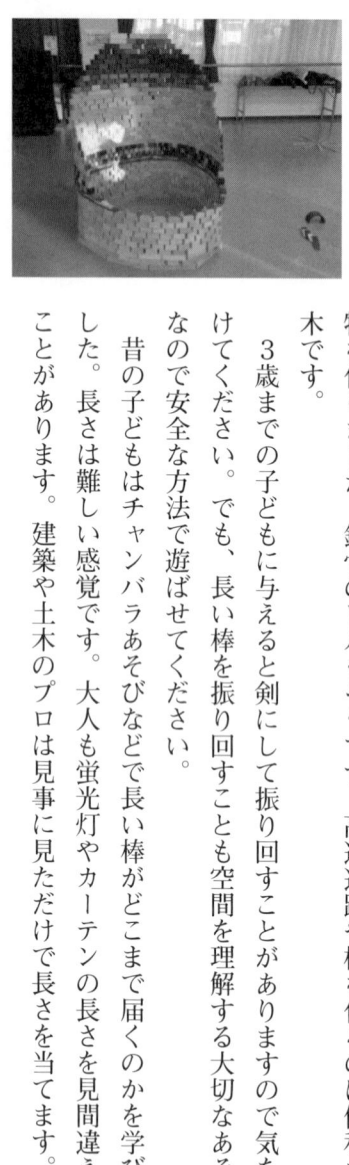

空間を表現するのに長い棒は柱になったり、柱と柱を渡す梁になったりします。

ヨーロッパの人がレンガや石で建物を作ったのに対して日本は柱と梁で建物を作りました。鉄骨のビルもそうです。高速道路や橋を作るのに便利な積木です。

3歳までの子どもに与えると剣にして振り回すことがありますので気をつけてください。でも、長い棒を振り回すことも空間を理解する大切なあそびなので安全な方法で遊ばせてください。

昔の子どもはチャンバラあそびなどで長い棒がどこまで届くのかを学びました。長さは難しい感覚です。大人も蛍光灯やカーテンの長さを見間違えることがあります。建築や土木のプロは見事に見ただけで長さを当てます。

⑥　10列10段

積木の数は沢山あったほうが楽しいです。例えば、レンガの積木を丸く10

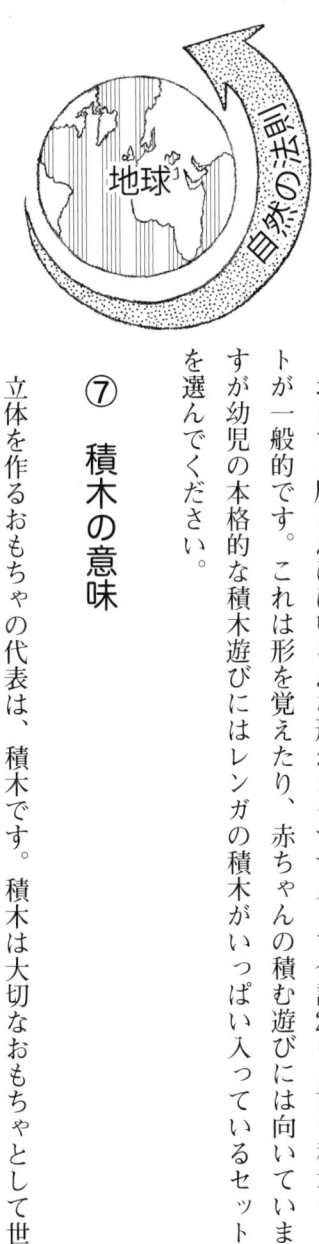

ケ並べて、その上に10段積むと１００ケ使うことになります。本格的に立体を作りたくなる幼児期には積木２００ケぐらいは用意してあげて下さい。

積木はレンガの形がいっぱい入っているのがあそびやすいです。丸や三角などは飾りとして遊びます。

おもちゃ屋さんにはいろんな形が2ケずつ入って合計20ケと言う積木セットが一般的です。これは形を覚えたり、赤ちゃんの積む遊びには向いていますが幼児の本格的な積木遊びにはレンガの積木がいっぱい入っているセットを選んでください。

⑦ 積木の意味

立体を作るおもちゃの代表は、積木です。積木は大切なおもちゃとして世界で有名です。出産祝いのプレゼントにも人気あるおもちゃです。でも、何故積木が大切かを知る人は少ないです。積木はたぶん大昔から人類が遊んだおもちゃと思います。石を積んだりするように木切れを並べたり積んだりし

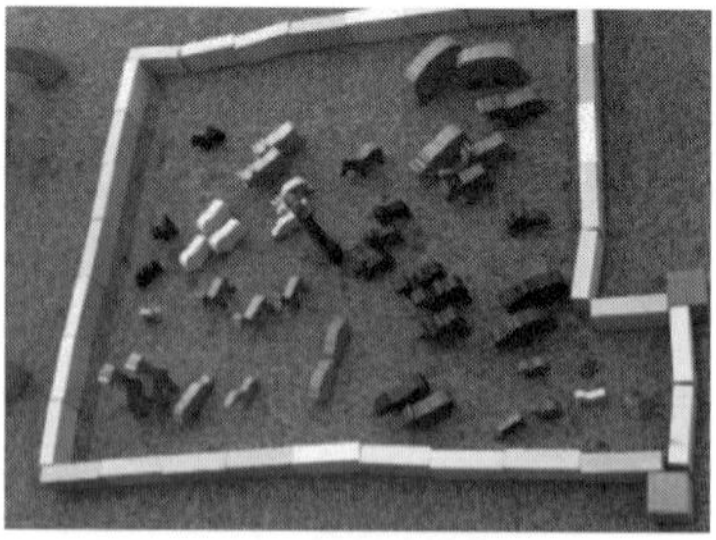

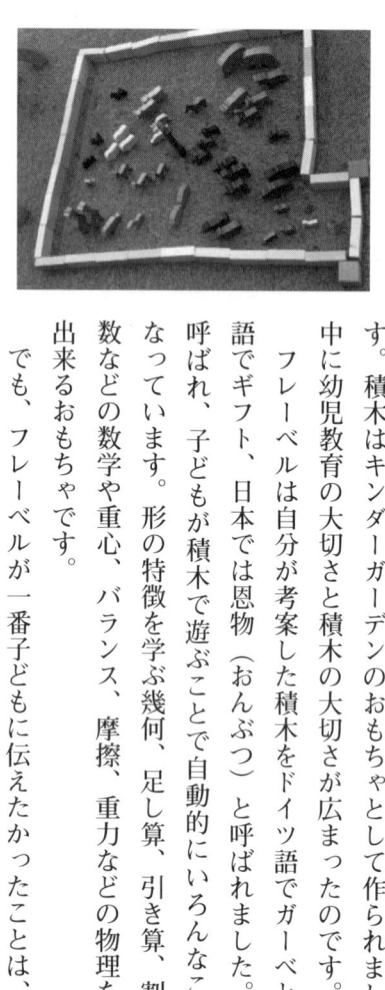

たことでしょう。

　現代の積木の基礎を作ったのはドイツのフリードリッヒ・フレーベルです。フレーベルは世界で最初の幼稚園キンダーガーデンを作った人として有名です。積木はキンダーガーデンのおもちゃとして作られました。その後、世界中に幼児教育の大切さと積木の大切さが広まったのです。

　フレーベルは自分が考案した積木をドイツ語でガーベと名付けました。英語でギフト、日本では恩物（おんぶつ）と呼ばれました。自動学習装置とも呼ばれ、子どもが積木で遊ぶことで自動的にいろんなことが学べるようになっています。形の特徴を学ぶ幾何、足し算、引き算、割り算、掛け算、分数などの数学や重心、バランス、摩擦、重力などの物理を感覚を通じて学習出来るおもちゃです。

　でも、フレーベルが一番子どもに伝えたかったことは、宇宙は無秩序ではなく、そこには真理や法則があること、そして、それらを感じ取る力を持って欲しいと言うことです。

　自由に遊ぶことで子どもは自分の感じ方で感じ、自分の考え方で考え、自

アムステルダム

ミニランド

分のやり方でまだ大人が発見出来ていない真理や法則を見出してくれることでしょう。

もし、子どもが大人によって現代の常識で固められて育てられたら、子どもは未来の扉を開けることは出来ません。積木が創造力を育てるおもちゃと言われるのは作者の願いが込められているからです。

⑧ 街作りのあそび

動物の積木やミニカーや人の積木を積木あそびにプラスしてあげると子どもは街を作るあそびをします。

動物園、電車の駅、駅前のターミナル、ビル街、高速道路、牧場、橋、港、船、ロケットの発射台、宇宙ステーションなど…子どもの表現は無限に広がります。

a　アムステルダム

10 台のカー

カラフルファミリー

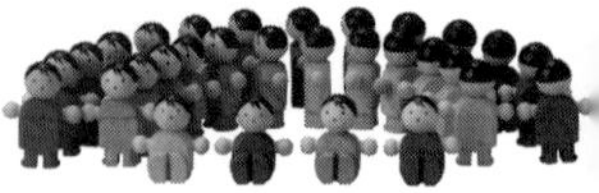

ミニドール 30

きれいな街並みが作れるセット。（4センチ）

b　ミニランドセット

動物の積木のセットです。積木が柵になったらゲートになって動物園づくりをします。

c　ミニドール

人の形の積木です。立ったり座ったりできる人形です。サッカーの競技場や駅のホームに並ぶ人にしたり、劇場に並べたり、ドールハウスの人形にしたりとあそびが発展します。

d　カラフルファミリー

赤ちゃん、子ども、大人、猫の人形のセット。樹脂製。

e　ミニカー

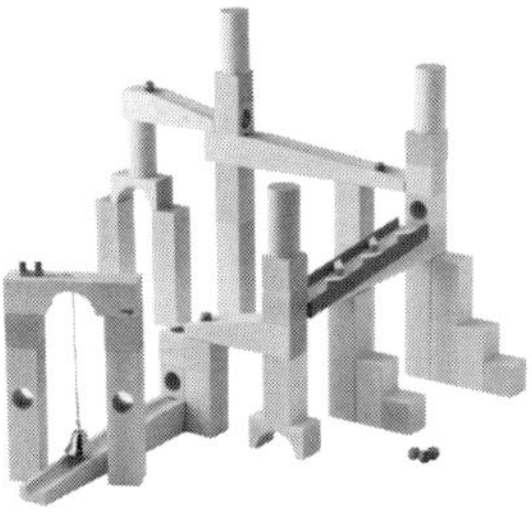

クーゲルバーン

ミニカーがあると積木は道や高速道路や車庫になります。

⑨ 組み立てクーゲルバーン

スロープになった積木を組立て、ビー玉が転がる道を作る積木です。ビー玉が転がるように高さを順番に組立てるのは思いのほか難しいようです。大人にもニガテな人がいます。ビー玉は、まっすぐに物理の法則に従って転がりますので、1ミリずれたら違った方向へ転がったりします。この微妙な積木の調節を楽しみながら、最後には思った通りにビー玉が転がる道を作り上げるあそびです。

ビー玉を積木に当てて、はねかえしたり（進入角度と反射角度）、噴水のようにジャンプさせたりするテクニックがあります。

『組立クーゲルバーン』を子どもに与えると、子どもなりに一生懸命試行錯誤している姿が見られます。大人はできるだけ子どもの試行錯誤を大切にしてあげて下さい。自分で発見する喜びが子どもを育てます。もし、子ども

があきらめて挫折しそうになった時は、指示、命令するのではなく見本をしてみせるようにしてみましょう。大人のしていることをよく見て、子どもが見抜くことも発見です。

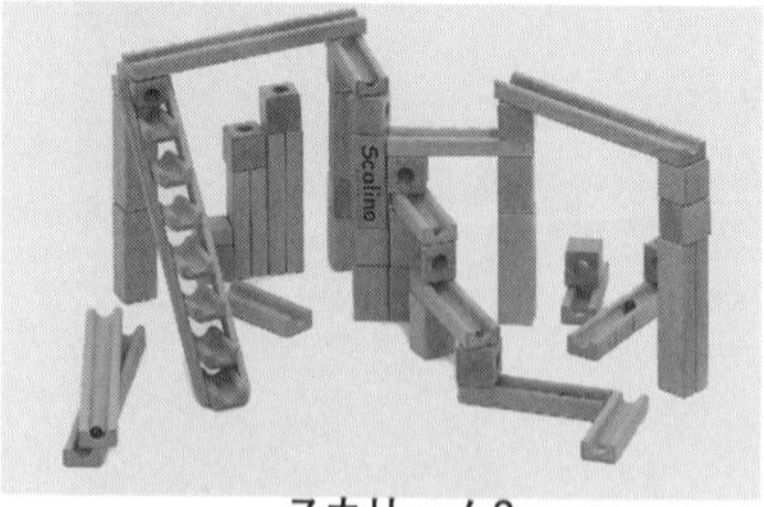

スカリーノ3

スイス　スカリーノ

ビー玉が転がるように組み立てる積木。基尺が4センチなので組立てクーゲルバーンと混ぜて遊ぶことも可能。玉の転がり方が組立てクーゲルバーンはスピードが速いのに対して、スイス　スカリーノはゆっくり転がるタイプ。

組立グーゲルバーンのテクニック

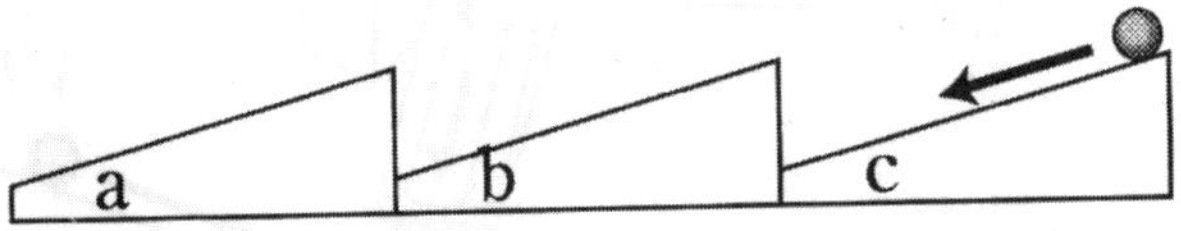

（1）子どもは始めこんなふうにスロープの積木を並べるかもしれません。大人には見てすぐビー玉が転がっていかないことがわかりますが、子どもに確かめさせた方が良いのです。子どもを見ているとｃで止まったビー玉をつまんでｂのスロープに転がし、ｂで止まったビー玉を指でつまんでａに転がします。

子どもはスゴイ！

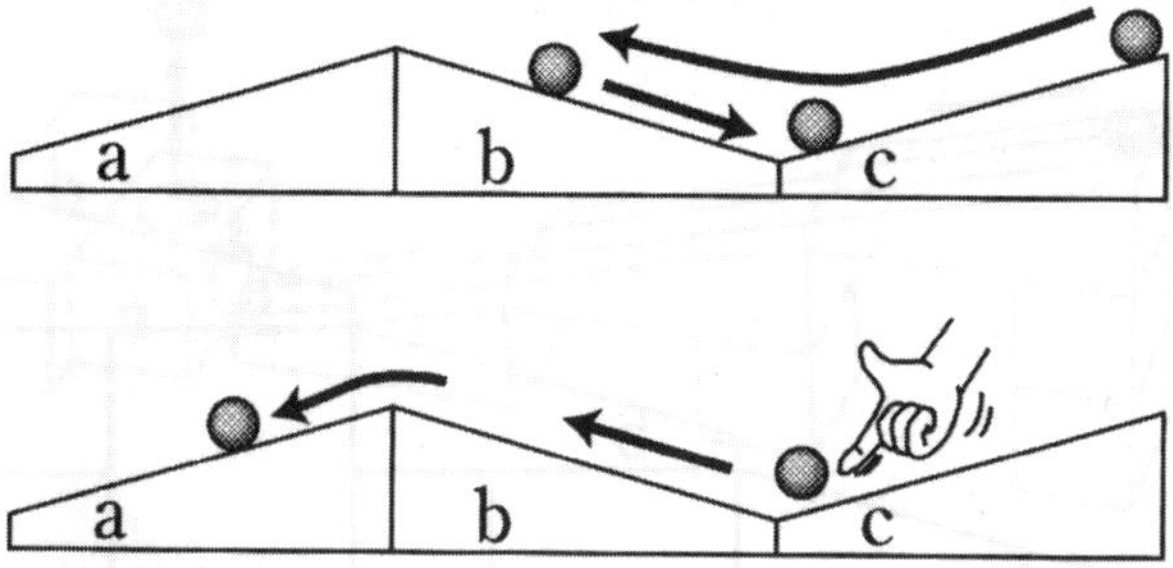

（2）次に子どもはこんなふうにすることがあります。高さを合わせたら道がつながると考えたのでしょう。でも、位置エネルギーと摩擦があるのでｃのスロープを転がったビー玉はｂには行きません。そんなとき、子どもを見ていると、なんと指ではじいて転がすのです。スゴイ！

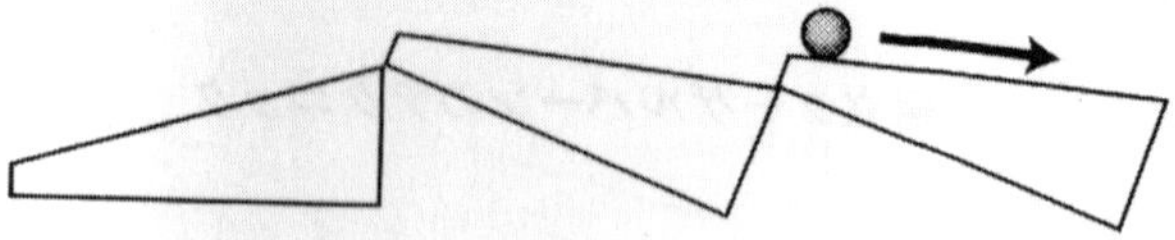

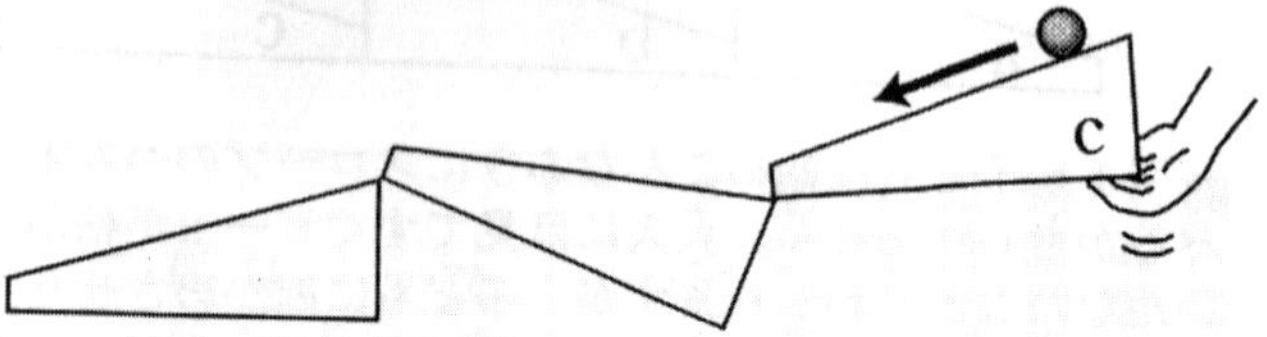

（3） 次に子どもがするのを見ていると、スロープをつないだりします。でも、このスロープを作った大人はいじわるで、ビー玉は右の方へ転がってしまうように作られています。

子どもは、どうするかな？と見ていると子どもは、ｃの積木を何と！持ち上げるのです。スゴイ！！

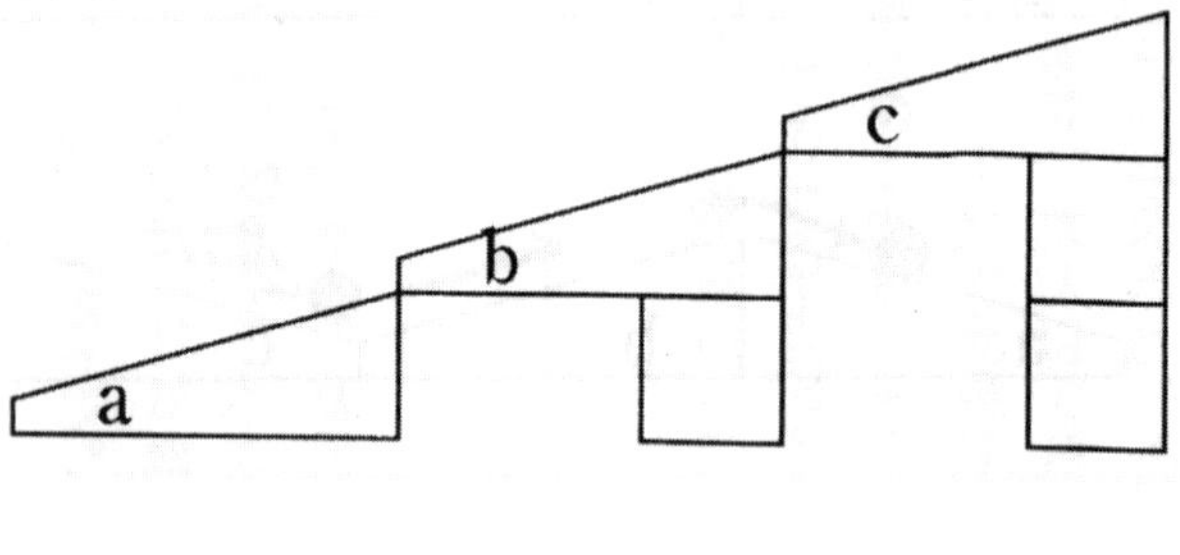

（4）このようなことを繰り返しながら、ｃのつみ本の下に、別の積木を重ねて高さを作り、一の高さ、二の高さと、高さの順番を発見していくのです。

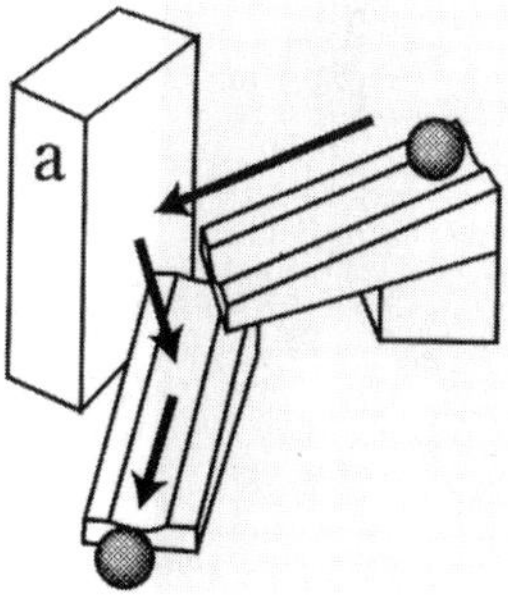

（5）ビー玉をはねかえすテクニック

いろんな角度をためしてみましょう。高いところからスピードをつけてビー玉が転がるとａの積木を倒してしまいます。ａが倒れないためにどんな工夫をするでしょうか？

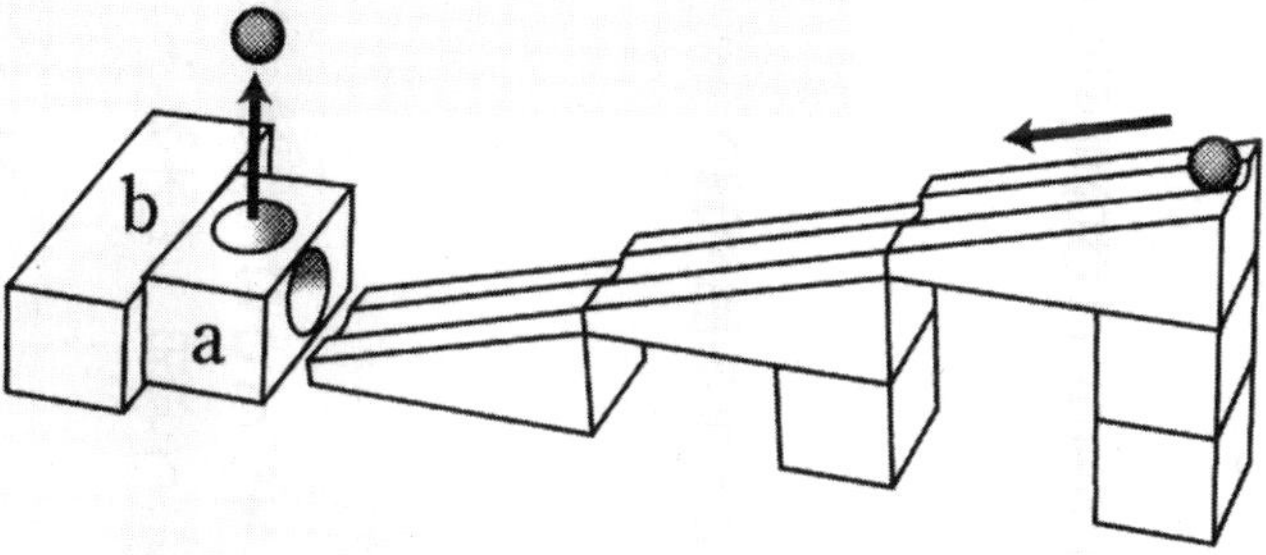

（6）ビー玉を噴水のように飛び上がらせるテクニック

ビー玉を高いところからスピードをつけて90度の角度の穴の積木をくぐらせると、ビー玉が飛び出します。その時ａの積木が動かないようにｂのような積木のおさえがいります。

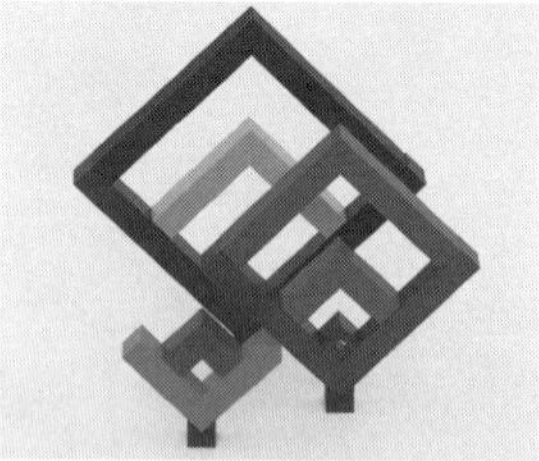

アングーラ

セラ

⑩　ネフ

きれいな色彩と精度の高さと独創的なデザインで世界の一流品と呼ばれる積木です。どのように並べても、積んで見ても素敵なオブジェになります。

a　アングーラ（2・5センチ）

L字型の虹色の積木。スタンドの部品を使うとアクロバットな造形が展開できます。

b　セラ（1センチ）

入れ子細工のように全てのパーツが立方体におさまるように作られた積木。色のグラデーションがきれい。

ビルディングロッズ

cuboro スタンダード

⑪ その他の積木

a カプラ、ビルディングロッズ

平たい板の積木。たくさんのレンガ積木で遊ぶことと長い棒の積木で空間を作る遊びを合わせような積木あそび。同じ形がたくさんあるといろいろ作りたくなります。

b キューボロ

ビー玉が迷路の中を転がっていくように作る積木。

⑫ ブロック

プラスチックで作られることが多く、いろんな形の製品が販売されています。パーツとパーツのつなげ方に工夫があり、不思議な立体を作ることができます。積木は自然の法則に従ってズレたり崩れたりしますがブロックは

ラキュー
（ベーシック２４００カラーズ）

ジオフィックス（ie-20 フルセット）

ジョイントの力で子どもの思いのままの作品が作れます。

a　ラキュー

日本人が考案した世界に誇れる想像力を育てるブロックです。正方形と正三角形と5つのジョイントであらゆる立体が表現できます。指先の力も育ててくれます。

b　ジオフィックス

正方形と正三角形と五角形と六角形のフレームを組み合わせて作るブロックです。折り紙を折ったり、展開図を広げたりする感覚は立体の感覚を育ててくれます。

⑬　工作あそび

ハサミやナイフ、ハンマーやノコギリ、釘や粘着テープや接着剤などを使

蜜ろう粘土 12 色

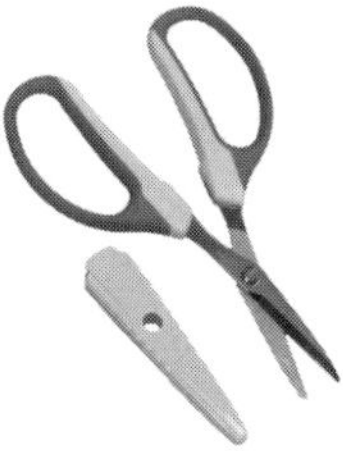

多用途はさみ

い作品を作るあそびです。手先や創造力を育てる大切なあそびです。子どもが自由に遊んでいいがらくたも大切です。

a　多用途ハサミ

ペットボトルも段ボールもビニールもなんでもスパッと切れるハサミ。切ることが楽しくなります。手も切れるので注意！

b　蜜ろうねんど

手のぬくもりでゆっくり柔らかくしてあそびます。透けて見えるぐらい薄く伸ばすことができます。色を混ぜて新しい色を作ることもできます。

c　折り紙、トランスパレント

折り紙は指先を育てるあそびの基本です。切ったり貼ったりしていっぱい遊んで欲しいおもちゃです。トランスパレントは半透明な西洋の折り紙です。作品を窓に飾るとステンドグラスのようにきれいです。

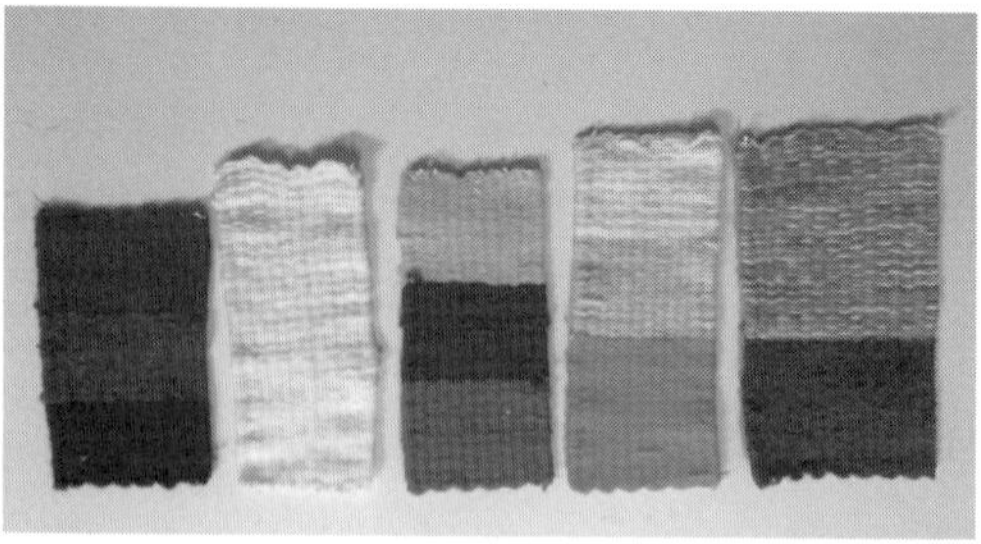

［7］きれいな模様

① きれいがわかるまで

2歳代はいろんな色がごちゃまぜでも平気だった子どもが3歳ぐらいから同じ色や同じ形にこだわり始め、分類することを楽しみます。この分類するあそびは「同じではない」にこだわるあそびでもあります。この時期、子どもは頑固で排他的だったりします。

子どもは今まで混沌として複雑に見えた世界が何らかの法則によってなっているらしいと感じはじめて来たのです。自分が見つけた法則や約束がこの宇宙で生きて行く礎《いしずえ》と思い、それにこだわります。そして、思い通りにならないことと出合うとパニックになります。この時期は子育てで大変なときでもあります。

分類は知的な活動

子どもが自分の回りの世界を分類する活動は科学する心の始まりです。色や形のある物を「いっしょ」、「いっしょではない」分類するあそびを用意してあげて下さい。

② きれいな模様の始まり

子どもは分類を遊ぶうちに、赤を一列に並べて次は黄色を隣に一列に並べ、次にまた赤を一列に並べ、次は黄色というように2色のツートンカラーの模様を作り始めます。数ある色の中から1色を選び出して並べ続けることや互い違いに並べ続けることには強い意思力がいります。

③ きれいな模様

子どもはツートンカラーから3色、4色とどんどん複雑な模様を作り始め

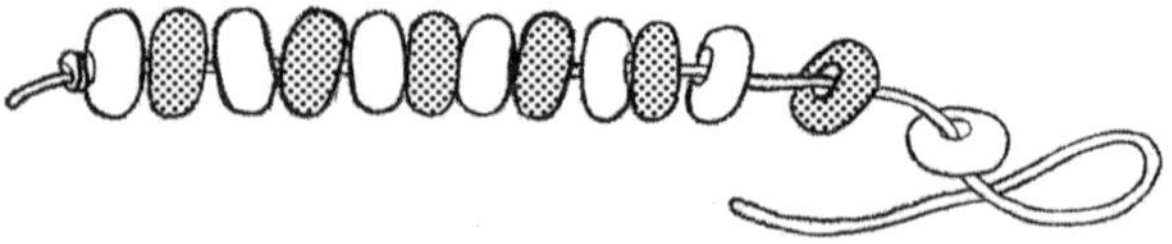

ます。

例えば赤、ピンク、白の組み合わせを連続して模様を作ります。この並べる順番は誰かに指示されてしているのではなく、自分で決めた配色パターンを自分の意思で続けているのです。

よく見ると色のグラデーションになっていたり、虹色の順番になっていたり、左右対称形になっていたり、暖色と寒色の組み合わせになっていたりします。さらにヒモ通しのビーズの組み合わせを見てみると赤２ケ白３ケピンク２ケ白３ケのように数もある法則にそって表現していたりします。

④ 万華鏡《まんげきょう》はきれい？

３歳までの子どもに万華鏡を見せても喜ばないことがあります。大人にとってはきれいな模様なのですが、きっとぐちゃぐちゃに見えるのだと思います。万華鏡の模様がきれいに思えるのはそれが点対称の模様と感じることが出来るからです。

家の壁紙やタイルの模様の中に秩序を読み取ることが出来る頃に子どもは自分自身で模様を作り始めます。

⑤　子どもは芸術家

子どもは夢中になって遊んでいるうちに大人が感動するようなきれいな模様を作ります。大人では思いつかない色の組み合わせやデザインを表現してくれます。ぜひ、写真を撮って残してあげて下さい。

油断すると、満足した子どもは次の作品を作るために一瞬のうちにつぶしてしまうことがあります。子どもは芸術家だなぁと思います。子どもにとって作品はもう価値のない過去のものになっているようです。

⑥　あせらないで！

子どもがなかなか模様を作らないと大人は心配します。大人がどんなに見

遊びの様子

本を見せても乗って来ない時はまだ興味がないと思ってあせらないことです。おもちゃはあそび道具であって訓練、鍛錬、修行の道具ではありません。子どもはみんな個性的です。その子の今の興味を大切にしてください。

⑦ 表現すること

子どもが自分の感じ方を尊重して心のままに自分のきれいな模様を表現することが大切です。上手下手ではなく、自分の心と向かい合いながら自分が納得することが自分自身を育てます。

表現活動は基本、自由です。その人らしさとかかわることです。「あなたはあなたらしくて素敵ですよ」と言う感想を返してあげて下さい。

⑧ 指示を理解すること

自由に遊ぶことは大切ですが人の指示を理解して行動することも大切で

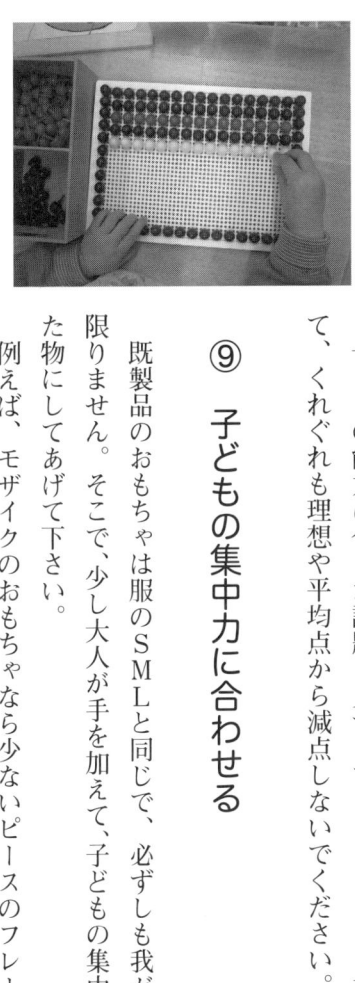

遊びの様子

す。両方のバランスが大事です。

例えば、テキストの通りの模様を作りなさいと課題を遊ぶことも大切です。パズルのあそびは一つ答えを求めるあそびです。出来たか出来なかったの結果が出ます。出来なかったことが続くと子どもは意欲を無くします。その逆に、出来る課題を繰り返しすると意欲的になります。

子どもの能力に合った課題を見つけてあげましょう。対象年齢は参考にして、くれぐれも理想や平均点から減点しないでください。

⑨ 子どもの集中力に合わせる

既製品のおもちゃは服のＳＭＬと同じで、必ずしも我が子にぴったりとは限りません。そこで、少し大人が手を加えて、子どもの集中力にぴったり合った物にしてあげて下さい。

例えば、モザイクのおもちゃなら少ないピースのフレームを作ってあげて下さい。25ピースのキューブモザイクなら、4ピースのフレームにするなど。

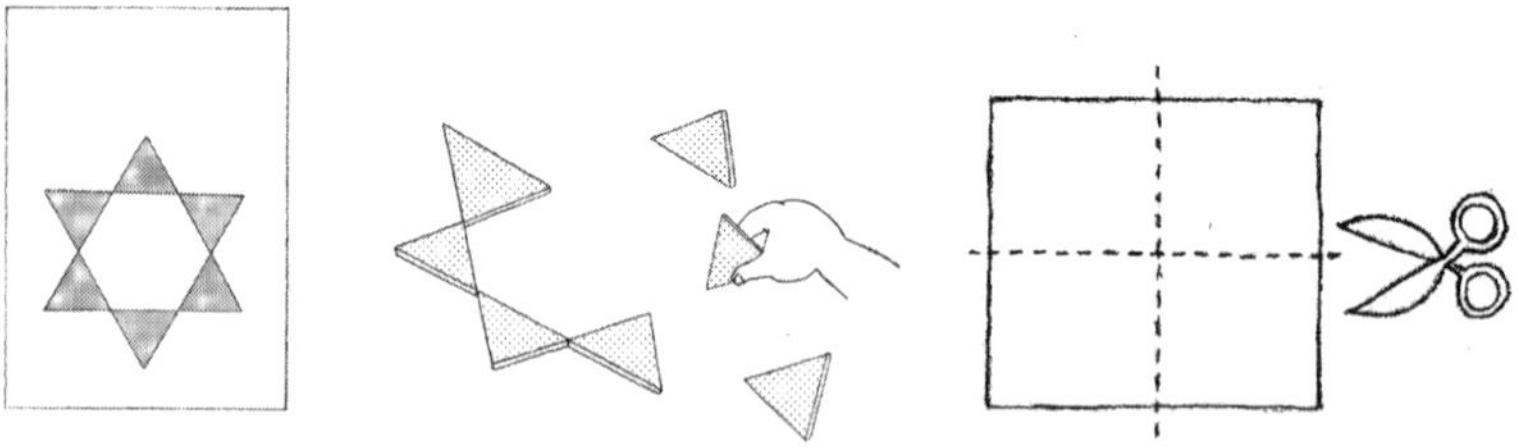

例えば、リモーザの１００ピースのボードをハサミで切って、25ピースを埋め込むと完成するようにするなど。

例えば、マンダラぬりえの半分を最初から黒く塗りつぶしておいて、子どもの塗る面積を減らしておくなど。

例えば、レナモザイクのスティックの４色を２色にしておくなど。

⑩ 感覚で学習する

私たちは図形を紙のドリルで学習しましたが、図形のモザイク積木で遊ぶ方がよりわかりやすいです。

例えば、鋭角は触ったら痛い、鈍角は痛くないとか。正三角形を二つ並べるとダイヤモンドみたいな菱形《ひしがた》になり、三つ並べると屋根のような台形になり、六つ並べるとミカンを切ったような形の六角形になるといった感じです。

このように図形を遊ぶと形や角度の特徴を感覚で学習でき、図形の合成や分割がわかりやすくなります。

[8] 模様をつくるおもちゃ

① パターンブロック

六角形や、ひし形や、三角形などのモザイクを並べてきれいな模様を作ります。三角形やひし形など方向性のあるモザイクは、空間を感じさせます。（どっちの方にとんがっているかをいつも考えさせる）

モザイクを並べながら形の性格や角度の性格を、遊びながら感じ取っていきます。（例えば、正三角形を並べていくとひし形になったり、台形になったり、六角形になったりすることや、90度のすき間には30度の白いひし形のモザイクは3個入るとか。）

テキストが付いていますが、それにこだわらず、どんどん広がる模様を楽しみましょう。ただ並べるといっても、きれいに並べるために子どもはモザ

プリズモコマセット

キューブモザイク

イクを微調整しなければなりません。白いひし形を12個使って花のような模様を作るとわかりますが、きれいに並べることができる手先は、折り紙を、折り目正しく折る力と同じ力が必要です。

② キューブモザイク

立方体の積木に色が塗ってあり、直角三角形と正方形の面を組み合わせて模様を作ります。

『ニキーチンの積木』（模様づくり）もこれです。いろんなメーカーがいろんな配色で作っています。

③ プリズモ

正三角形のパーツを六角形のフレームに並べて模様を作るあそびです。透明なパーツやフレームもあります。こまになるフレームもあります。回転さ

マンダラぬりえ

せると色の組み合わせでいろんな模様が現れます。

④　マンダラぬりえ

ぬりえは子どもの筆圧の力を育て、枠の内に筆を止める巧ち性を育てます。一般的にはキャラクターものが主流ですが、このまんだらぬりえは配色を考えてとてもきれいな作品を作ってくれます。模様の組み合わせは無限です。色鉛筆だけでなく、サインペン、絵の具の筆などいろんな筆記具を使ってみてください。

また、上手く塗り込めない子どもには、ぬる面積を少なくして早く完成するように工夫してください。例えば、半分をあらかじめ塗りつぶしたものなど。また、ふちをマジックで太くしてあげると、はみ出しの失敗感が少なくなります。

レナモザイクステッキ

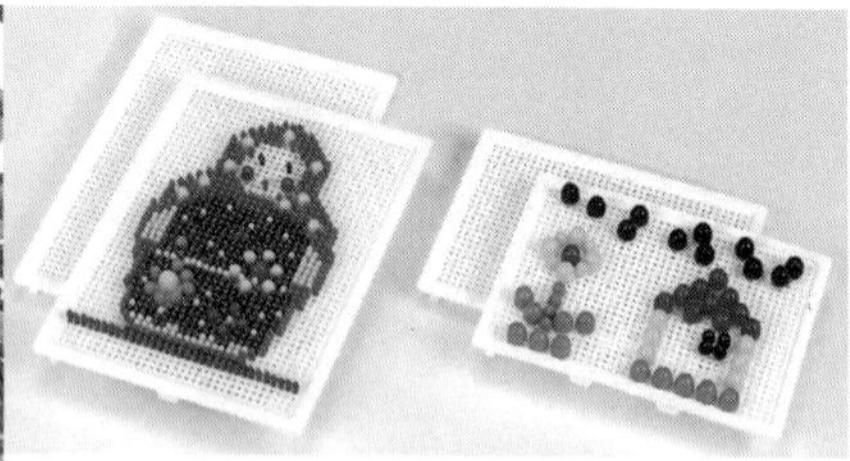

レナモザイク

⑤ レナモザイク

きのこのようなペグ（ステッキ）をボードに差し込んで模様を作ります。ペグの太さに大中小があり、子どもの手先の力に合わせ与えてください。透明なステッキもあります。透明なステッキを使った作品を窓辺に飾るときれいです。

ロンディや花はじきと混ぜて遊ぶとお花のような模様が作れます。カラーの輪ゴムでステッキとステッキを引っかけて遊ぶと面白い模様ができます。

⑥ リモーザ

ビーズをプレートにはめるとプチッと固定されてはまります。安定感があるので早くて2歳くらいから遊べます。

ビーズはとりはずしができるので何回も使えます。

アイロンビーズ

⑦ アイロンビーズ

小さいカラフルなビーズを並べて模様を作るあそび。安い、よく遊ぶ、きれい、の三拍子揃ったおもちゃです。子どもの集中力に合わせてプレートの大きさやビーズの大きさを選びましょう。

作品が完成すると、アイロンで溶かし、固めることができます。キーホルダーや壁飾りになります。

⑧ ハマビーズ

アイロンビーズよりもつぶが大きいので扱いやすい。アイロンビーズのようにアイロンで溶かして作品を作ることもできる。

⑨ ホルツステッキ

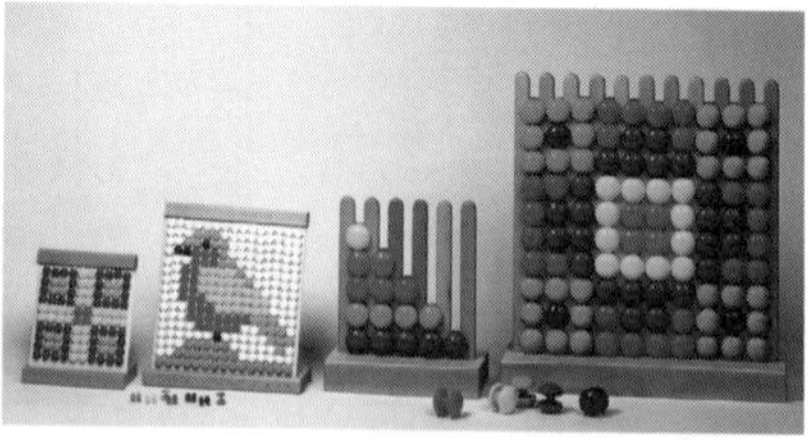

アキシモ

木製のペグさしあそびです。リモーザやレナモザイク、アイロンビーズやハマビーズは同じあそびのジャンルです。素材や形がメーカーによって工夫されています。

⑩　アキシモ

くしのようなフレームを立てて、上からパーツを下に落とすように並べて模様を作ります。入れる順番を考えないと思った模様が作れません。見通しを育ててくれます。

子どもの成長にあわせて大中小があります。幼児はアキシモ小の10×10か15×15ぐらいです。

⑪　織り機

ヨーロッパの幼児は必修のように習うのが『おり機』です。「ひ」（杼）に

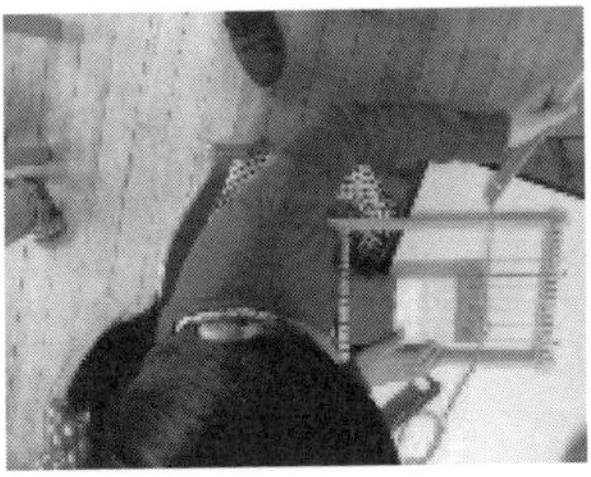

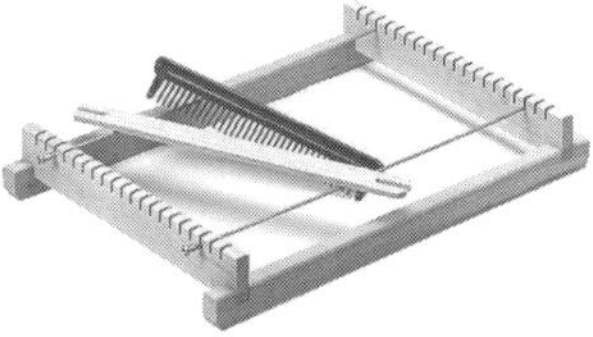

織り機

まきつけた横糸を規則正しく縦糸に、山・谷・山・谷とくぐらせていくと、きれいなおり物ができます。

ひとつひとつていねいにおっていくと、いつか大きなおり物になるという経験が子どもの心を育てるのでしょう。

6歳になると、横縞模様と縦縞模様を組み合わせてきれいな模様を作ったり、さらにタペストリーをおったりします。

おり機で遊ぶ前にペーパーおりをすると、おり機の理屈がわかりやすいでしょう。短冊に切った色紙を、本体の紙の切り込まれたすき間に上・下・上・下と通していくときれいな模様ができます

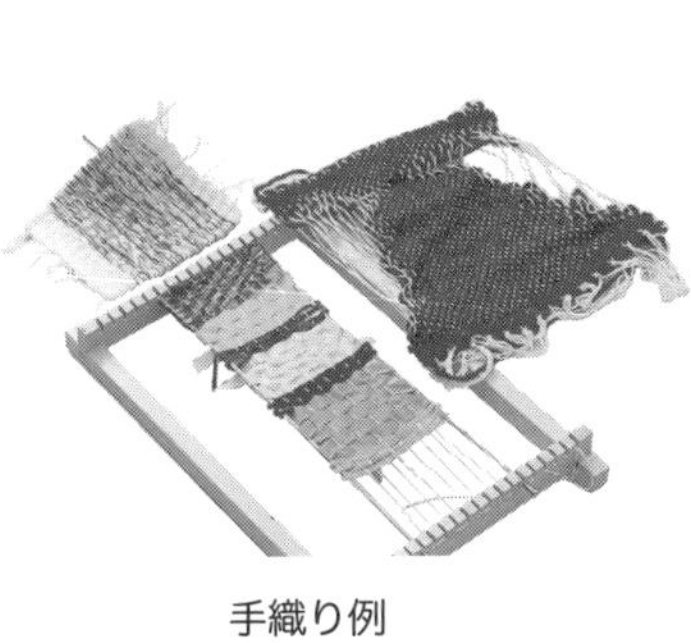

手織り例

［9］友だちと遊びたい

① 平和な平行あそび

3歳までの子どもは友だちに近寄るとすぐケンカになるのに近寄りたがります。

友だちに興味があるのですが、仲良く遊ぶのは難しいのです。仲良くは大人でも難しい課題です。

言葉で上手に自分の気持ちを伝えられない子どもたちは誤解と勘違いが頻繁におきます。どうしてもトラブルが多くおきます。

3歳までの仲良く遊ぶ内容は「平行あそび」と言って、友だちと同じことをして、共感し合うあそびが中心です。友だちが「キャー！」と言って走ると自分もまねっこして「キャー！」と走ったり、みんなが主人公になって料

理を作る人になって遊んだりすることが中心です。
一緒にいることと、同じことをするのが楽しいのです。大人は子どもたちが平和な状態で過ごすようにお手伝いしてください。

② 3歳までのトラブル

みんなが主人公ですから主人公の道具は奪い合いのケンカになります。しかし、取ったおもちゃで遊ばないのが特徴です。大人は物の取り合いのケンカと思いますが、本当は友だちが楽しく遊んでいる「遊び」を取ろうとしています。だから、取ったおもちゃで遊ばないで、また、他の人が楽しそうに遊んでいるところに行きます。おもちゃは取れても遊びは取れないのです。

こんな時は大人が楽しそうにおもちゃで遊んでみせてあげて下さい。そして、あそびを教えて、出来ることを増やしてあげて下さい。コツは楽しそうにすることです。

「ここに同じおもちゃがあるでしょ！」と楽しくない雰囲気では失敗しま

す。子ども同士は人間関係のケンカではないので、どんなに激しいケンカをしても、また平気で遊びます。まだまだ問題解決の力が育っていないので、大人が解決の見本を見せて、「良かったね」と終われるようにしましょう。この時期の子どもには「反省」は難しいようです。

③ 仲良く遊ぶための二つの力

仲良く遊ぶために必要な力は「イメージを共有する力」と「ルールを作り守る力」です。イメージを共有するあそびはごっこあそび、共同制作、共同研究、劇などです。ルールを作り守るあそびはボードゲームや鬼ごっこです。

例えば、お医者さんごっこの時に子どもたちが豊かなイメージを共有し医者と患者に役割を分担して遊んでいる姿が良く育っている姿です。みんなが医者になりたがっている段階はまだまだ平行あそびです。

また、難しいルールを守ってボードゲームをしたり鬼ごっこをしている姿が良く育っている姿です。自分の思っているイメージを相手に伝えたり、ルー

ルを伝えるために言葉の力がいります。人と関わる力はこの二つのあそびを通して育っていきます。

④　幼児のケンカ

幼児のケンカは、イメージの共有の失敗とルールが守れなかったことから起きています。単なる物の取り合いのケンカから人間関係のケンカに変わっています。

「○○ちゃんはウソつくから嫌い！」とか「□□ちゃんはズルするから遊ばない！」と子どもは根に持って来ます。幼児のケンカは人間関係の練習ですから意味あるケンカです。大人は子どもたちの問題解決能力を育てる援助をしましょう。くれぐれも裁判しないように気をつけましょう。少年法は責任能力の無い子どもに暴力以外の解決策を教育する法律です。自分の気持ちを言語化し、相手の気持ちを理解し、折り合いをつける練習です。

子どもがケンカをした時は、緊急事態以外は自分たちで解決出来るか見

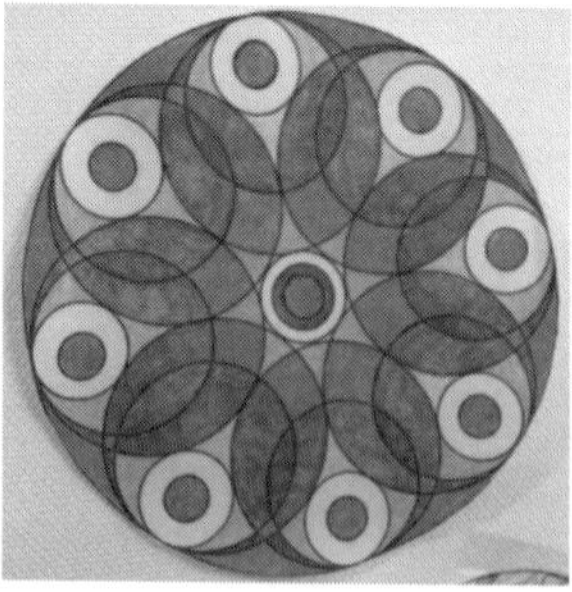

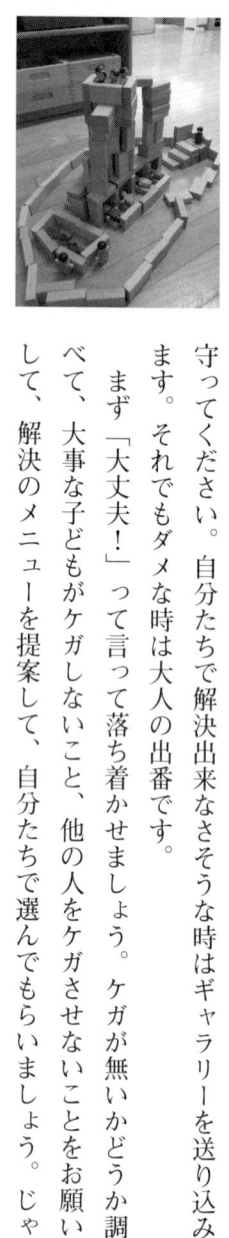

守ってください。自分たちで解決出来なさそうな時はギャラリーを送り込みます。それでもダメな時は大人の出番です。

まず「大丈夫！」って言って落ち着かせましょう。ケガが無いかどうか調べて、大事な子どもがケガしないこと、他の人をケガさせないことをお願いして、解決のメニューを提案して、自分たちで選んでもらいましょう。じゃんけん、順番、半分に分けること、先に使っていた人が優先する、時間を決めるなどです。たくさんの暴力以外の解決策を子どもが学ぶことが大切です。

昔、子どものケンカに親が出て来ることは恥ずかしいことでした。現代は子どものケンカで親同士がケンカしたり、裁判になったりします。問題解決能力の高い親子を目指したいものです。

⑤ 幼児が仲良く遊べる人数

幼児が仲良く遊べる人数はだいたい歳の数です。３歳で３人、５歳で５人ですが実際は難しいようです。大人が指示命令すれば何人でも順番を守らす

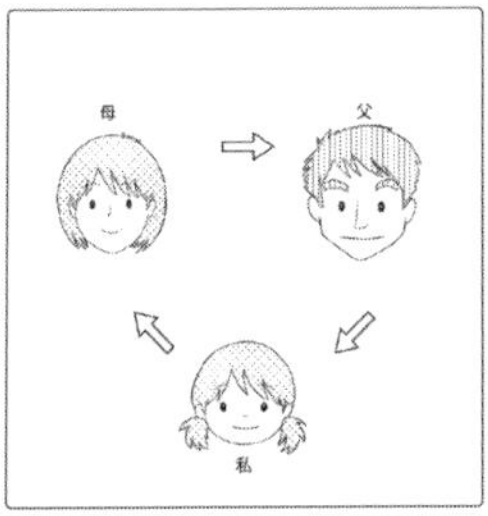

図1

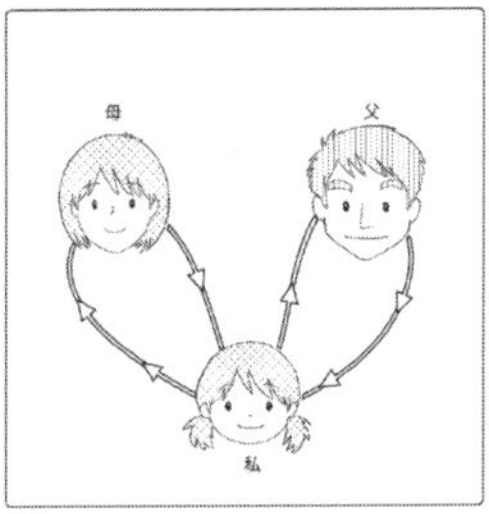

図2

図3

ことは出来ますが、大事なのは子どもたちだけで遊べることです。

3人の順番はこうです。お父さんの次は私で、私の次はお母さん。お母さんの次はお父さん。これがわかると3人の順番クリアです（図1）。でも、ほとんどは、お父さんの次は私で、私の次はお母さんで、お母さんの次は私で、私の次はお父さんってなってしまいます(図2)。お母さんの次はお父さんがわかると言うことはお母さんとお父さんの間には結婚って関係があるとわかることです。それまでは自分とお父さん、自分とお母さんと言う関係しか理解できていません（図3）。

5歳で祖父母の関係がわかればうれしいです。京都のおばちゃんは誰のお母さん?、東京のおじいちゃんは誰のお父さん?って聞いて見てください。こうして子どもは人間関係の理解を広げていきます。

5歳で5人の子どもがごっこあそびしたり、ボードゲームしている姿を目指しましょう。

⑥ 鬼ごっこが育んだこと

昔の子どもは日が暮れるまで鬼ごっこをしていました。昔の鬼ごっこはリアル鬼ごっこで真剣でしたから毎日全速力で走っていました。現代の子どもの運動量とは雲泥の差です。真剣勝負ですから、捕まえた！捕まってない！のトラブルは頻繁におきます。そのたびにギャラリーがケンカを止め、ルールを変更して解決して来ました。問題解決の練習量も全く現代と違います。

残念ながら現代は昔のように鬼ごっこが出来ない状態です。でも、鬼ごっこでと同じ教育的効果があるのがボードゲームです。家庭や幼児教育の現場や学校でボードゲームが普及して欲しいと思います。

⑦ ボードゲームのポイント

現代の子どもは機械と向かい合って育つ時間が長いです。人と向かい合って遊ぶ時間を意識的に作ってあげたいです。

鬼ごっこやボードゲームで子どもが学んできたことを整理すると5つのポイントがあります。

a　一番の決め方

鬼を決めたり、最初のプレーヤーを決める方法をいくつか知って欲しいです。力の強い子どもが一番になったり、みんなで弱い者いじめで鬼を決めたりしないで、参加者が納得する公平な代表の選出が大切です。「だれにしようかな♪」などの歌やじゃんけんのいろんな種類を教えてあげて下さい。

b　ルール変更

ルールは一部の人の我がままで決めてはいけません。トラブルのたびにみんなが納得するルールを作る練習です。民主主義は議会で法律作ったり、変更したりする仕組みです。子どもは大人から法律を守ることだけ教えられることが多いですが変更の手続きも大切です。

c　負けたらくやしい

負けることの悔しさと挫折に対する抵抗力を育てたいです。

d　誰でも参加出来る

参加したい子どもは誰でも参加出来ること。妹など小さい友だちが参加するときは特別ルールで参加させてあげること（例えば、捕まっても鬼にはならない、みんなの輪の中で参加している気分だけを楽しませてあげるなど）。

e　子どもたちだけで遊ぶ

自分たちの集団は自分たちで自治すること。

⑧　挫折感を軽くする方法

負けることは誰でも嫌です。負けて、悔しくて泣くことは間違いではありません。負けて喜ぶ方が心配です。人生には思い通りにならないことがたく

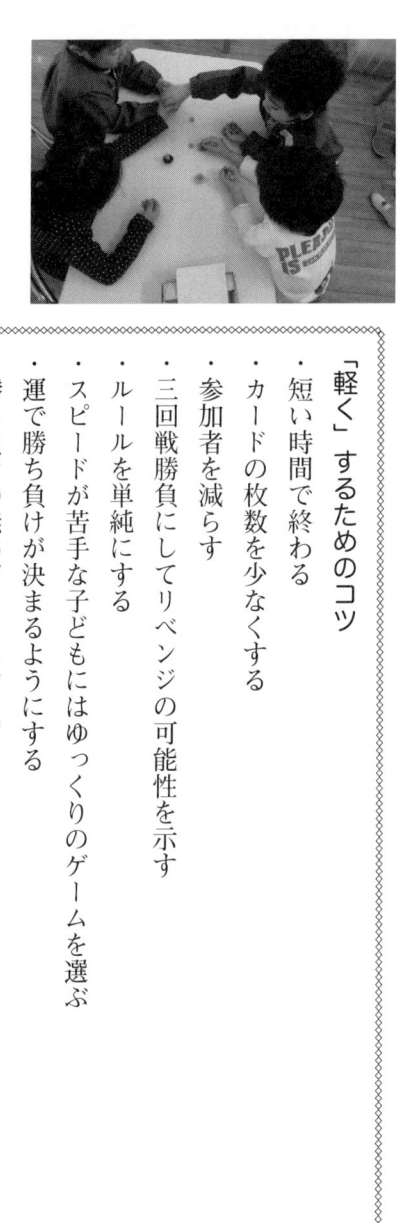

さんあります。その度にプッツン切れて事件を起こして欲しくありません。
そのためにも挫折に対する抵抗力を育てましょう。
初めは軽い挫折感から練習です。

「軽く」するためのコツ
・短い時間で終わる
・カードの枚数を少なくする
・参加者を減らす
・三回戦勝負にしてリベンジの可能性を示す
・ルールを単純にする
・スピードが苦手な子どもにはゆっくりのゲームを選ぶ
・運で勝ち負けが決まるようにする
・勝ち負けの無いゲームにする。

⑨ 順番は来る？

子どもにとって順番を守ることは大変です。それはやりたいという自分の気持ちを自分で抑えることだからです。例えば、スポーツカーのエンジンを持っているのに軽自動車のブレーキで車を止めている状態です。

まず大人と子どもの二人の順番から始めます。次に子ども二人の順番、大人が入って三人の順番と練習して行きましょう。「順番」は必ず自分の番が来ると見通しを持った子どもが順番を守ることができます。いつも「順番でしょ！」と追い払われている子どもは「順番は信用出来ない」と思い、すきを狙って割り込むことばかりします。

大事なことは大人が押さえ込んで順番を守らすのではなく、自分のブレーキで待つことが出来るように育てることです。

⑩ ルールは誰のため？

順番と同じようにルールを守ることも子どもには大変です。意欲と意欲がぶつかったり、自己主張と自己主張がぶつかったりした時、暴力以外の方法で折り合いをつけるためにルールがあります。

子どもは遊びながらルールは自分のために、自分たちのためにあることを学んで欲しいです。ルールは自分の自由を守るためにあるのに、自由を奪うお上のお達しと思ってしまうと、ルールから逃げることばかり考えてしまうかもしれません。

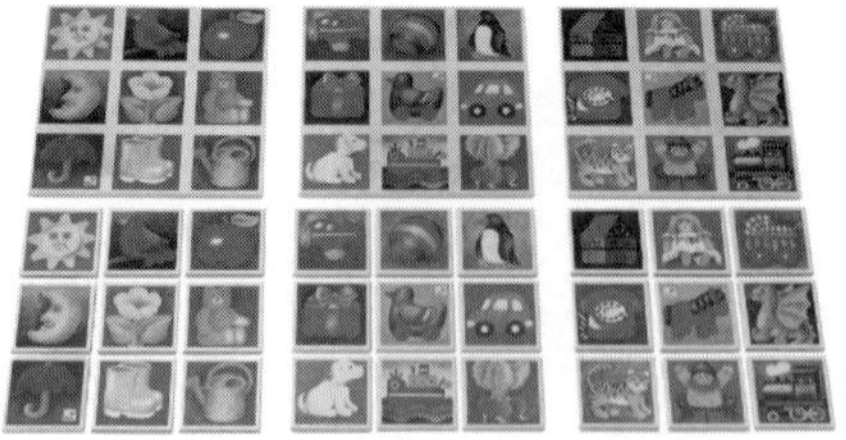

ことばカード（ロット）

[10] ボードゲーム

① はじめてのゲーム　3歳ぐらいから

a　ことばカード（ロット）

絵合わせのゲーム。参加者一人ひとりにボードを配り、そのボードに描かれている絵と同じ絵カードを神経衰弱のようにして集めます。1枚のボードには6~9種類の絵が描かれていることが多いです。少ない絵の方が早く終わり、簡単です。2人でするときは、他の人がめくったハズレが自分のアタリになっていますので、人がめくっているのをよく覚えておきましょう。

このゲームは初めて出合うゲームの基本です。絵の種類もメーカーによってさまざまです。子どもが遊びながら「ことば」を学習するのにも効果があります。手作りも簡単にできますので家庭でもいろんな種類のロットを作っ

テディメモリー

キンダーメモリー

て見ましょう。例えば、スーパーのチラシを二枚用意して、魚や野菜などの絵を二枚ずつ切り取り、一方をボードに貼り、もう一方をカードに貼るとできあがり！

b　メモリー

ロットと兄弟のようなゲーム。トランプの神経衰弱と同じあそびです。カードが子どもの興味のある絵のカードになっています。トランプと違い、同じ絵が二枚しかないので運で勝つことが少なくなります。

『ロット』・『メモリー』の遊び方マニュアル

ヨーロッパのゲームには基本があります。子どもが最初に出合うゲームは絵あわせの「ロット」です。何枚かの絵カードが組み合わせられたボード（盤）があり、それと同じ絵の一枚ずつのカードがあります。

自分の持っているボードと同じ絵カードを集めるのがスタンダードな遊び

キナーロット

方です。

「メモリー」は同じ絵カードが2枚ずつ入っているもので、いわゆる〝神経衰弱〟ができます。日本ではトランプを使いますが、ヨーロッパでは子どもにとって興味深い絵カードを使います。そのため2歳くらいからできるわけです。ロットもメモリーも基本のあそびは同じです。小さい子どもにはロットの方が扱いやすく、遊びやすいです。

あそびかた

その1　絵合わせ

・ロットを使って

ボードと同じ絵を集めるあそび。大人がボードに描かれているものの名前を言いながら集める。例えば、「この絵と同じりんごはどこかな?」また、「赤くて丸いりんごはどこかな?」と言うように形容詞をいっぱ

い使って遊んでください。

・メモリーを使って

ボードの代わりに集める絵カードを選んで、子どもの前に並べて、同じ絵カードを集める。

その2　急いで集める

・ロットを使って

子どもにボードを渡して、よういどん！でボードと同じ絵カード急いで集める。

・メモリーを使って

ボードの代わりに絵カードを選んで子どもの前に並べ、同じ絵カードを急いで集める。年上の子どもや大人と遊ぶ時は年下の子どもよりたくさん集めないといけないようにハンディを与える。

その3　ぼうずめくり

・ロットを使って

各自にボードを渡します。カードを場に裏向けて積み上げます。順番に1枚ずつめくっていって、自分のボードと同じ絵カードがめくれたらもらってボードにのせる。違ってたら場に返す。順番にめくることの練習です。大人と2人から始めましょう。

3歳ぐらいの子どもはハズレのカードを場に返さないで、絵カードと同じ絵が描かれている他人のボードにのせることがあります。そんな時は絵合わせあそびになっていると思って大人はお付き合いしてあげましょう。

いつか、勝ち負けの楽しさがわかる時が来ます。

・メモリーを使って

ロットと同じように絵カードを子どもの前に並べて始めます。

その4　片方だけの神経衰弱

・ロットと使って

このあそびがロットあそびです。各自にボードを配り、絵カードを裏向けにして場に広げる。

順番にめくって自分と同じカードがあるともらえる。当たったらもう1回。はずれたら次の人。全部集まると勝ち。他の人がめくった「ハズレ」をよく見た子どもが勝てる。他の人がやっていることと自分のやることが関係していることを感じさせる最初のゲーム。2人の順番をよく遊んだら、次は3人の順番。Aさんの次が自分で、自分の次がBさんであることはわかっても、Bさんの次がAさんであることがなかなかわからない。特にBさんが自分の当たりをめくったとき、つい手が出てしまいます。

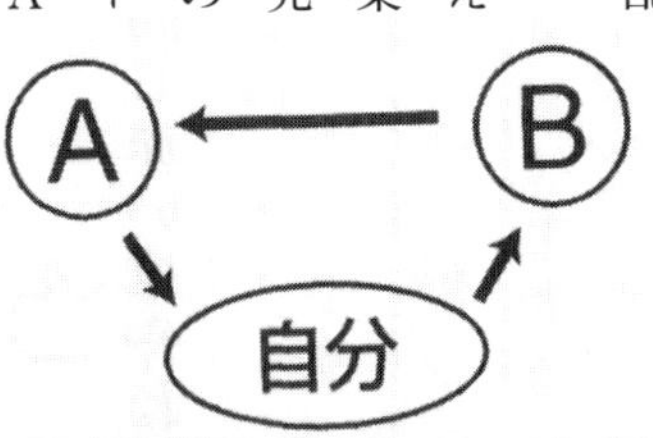

そんなときはやさしく「じゅんばんよ。あなたはAさんの次ね」と言ってあげて下さい。2歳で2人、3歳で3人、4歳で4人というように年の数だけの人数の順番がおよその目安です。もし子どもが途中でゲームをやめたら、人数を少なくして、早く自分の番がくるようにしてあげて下さい。

① 見て覚える　② 目をつむっている間に、ひとつかくす。　③ なくなったものを当てる

子どもにとって「待つ」ということは大変なエネルギーがいるのです。

早く絵カードを集めた人が勝ちです。最後の人が負けです。負けても、絵カードが揃った満足感があるので挫折感が軽いゲームです。２枚めくる神経衰弱の場合は一枚も取れないこともあり、負けた時の挫折感は強いです。神経衰弱が苦手な子どもには、この遊び方をおすすめします。

・メモリーも同じように

その５　記憶のゲームⅠ

・ロットを使って

ボードに描かれている絵を十秒間子どもに見せて覚えてもらいます。そして、場にある同じ絵カードを集める。さて、何枚合ったかな？

・メモリーも同じように

記憶のゲームⅡ

・ロット、メモリーを使って

場に絵カードを二枚並べます。十秒間子どもに見て覚えてもらいます。そして、子どもに目をつぶってもらいます。場から絵カードを一枚取って隠します。何がなくなったか当ててもらいます。場のカードを一枚ずつ増やしていきます。

その6　集合のあそび

全ての絵カードを表向けで場に出して、親役が「食べられるもの取ってください！」とか「生きているもの取ってください！」と問題を出します。たくさん集めた人が勝ち。

その7　なぞなぞあそび

集合のあそびと同じように、親役が一つの絵カードをなぞなぞ風に問題を出す。早く当てた人が勝ち。例えば「丸くて、赤くて、食べられるもの！」

その8　お話作りⅠ

好きなカードを2枚取って話を作る。上手にできたら拍手!3枚4枚とカードを増やしていく。

(例1)

「おうちに忘れたカサです。」

(例2)

「お友だちの家で遊んでいたら、雨が降ってきたので帰るときにカサを貸してもらいました。」

お話作りⅡ

家のカードを一枚出して、他のカードは裏向けて積み上げる。順番に1枚ずつめくって絵をつなげお話を作っていく。人の話をよく聞き自分

1.
これはジャックが、
建てた家

2.
これはジャックが、
建てた家にあった
りんご

3.
これはジャックが
建てた家にあった
りんごのなっていた
木

のことばを足していくあそび。

もし、人の話を忘れたり、間違ったりしたら、そこから先のカードをもらわなければならない。積み上られたカードがなくなれば終わり。カードをたくさん持っている人が負け。大人は1字1句でも間違えるとアウト。

(例)

「これはジャックが建てたうち」

「これはジャックが建てたうちにあったリンゴ」

「これはジャックが建てたうちにあっリンゴがなっていた木」

その9　しりとり

形容詞や擬態語をいっぱい使うしりとり。同じ枚数の絵カー

ブルーナドミノ

ドを配って自分の前に並べる。テーブルのまん中に1枚だけ何の絵かわからないように裏向けて置いておく。よういどん!でテーブルのまん中のカードを表にしてしりとりを始める。早く自分のカードを出しきった人が勝ち。

(例)

場のカード「リンゴ」

「ごうかなくつ」と言ってリンゴの上にのせる。

「つめたいアイスクリーム」「むしくいりんご」…　と、次々

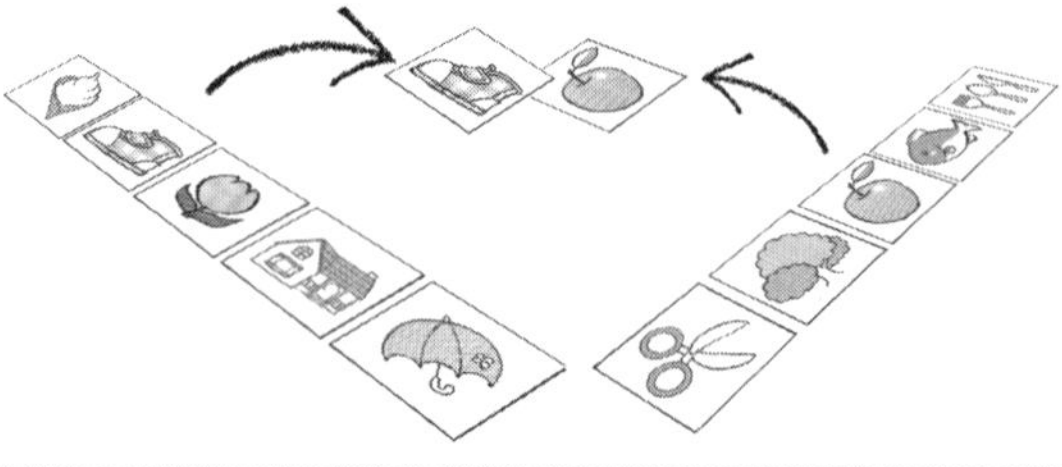

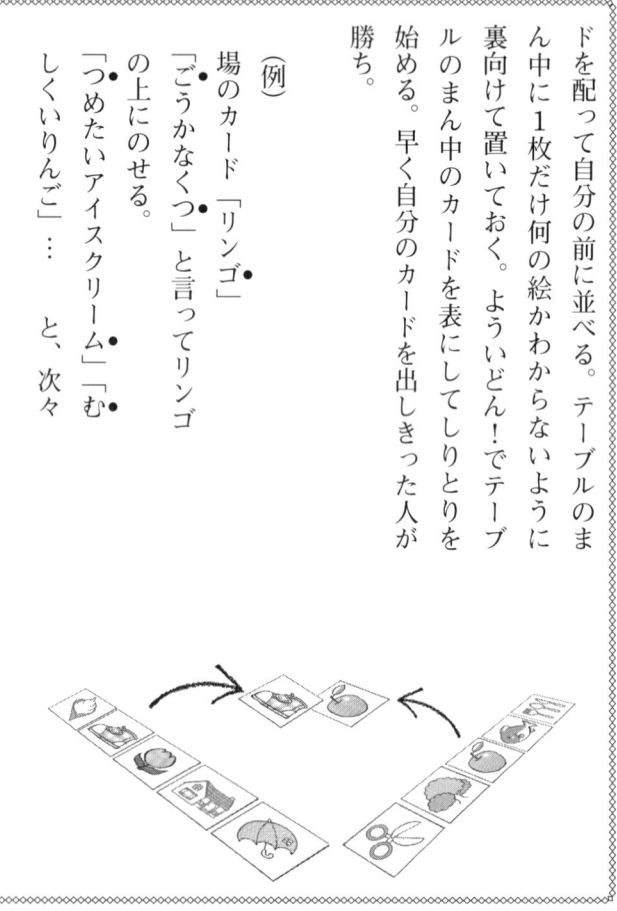

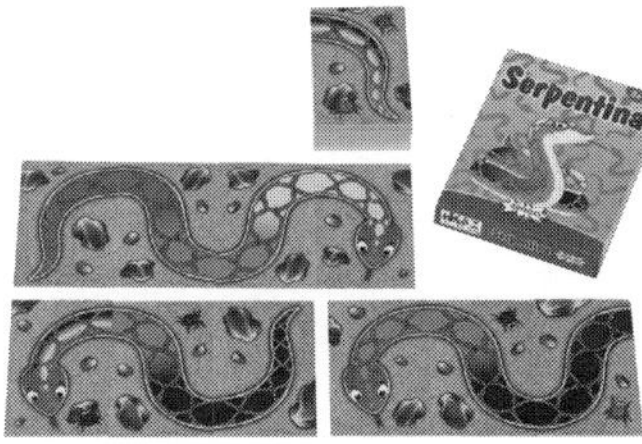

レインボースネーク

果樹園ゲーム

c　ドミノ

絵のしりとりゲーム。日本ではドミノ倒しゲームとして知られていますが、それは、将棋というゲームがあって将棋倒しゲームがあるのと同じです。自分の番になったとき、場にあるカードの両端の絵と同じものがあればそのカードを出して場でつなげていきます。早く手持ちのカードが無くなった人が勝ち。

d　レインボースネーク（虹色のヘビ）

同じ色のヘビのカードをつないでいきます。頭としっぽがつながって一匹の虹色のヘビを完成させたらもらえます。単純なゲームですが小学生も大好きです。

e　果樹園ゲーム

3歳前後は、負けると二度としないということがあります。このゲームは、参加者が協力し合うゲームで、参加者同士の間には勝ち負けがありません。

マイファースト果樹園

勝ち負けのないゲームはヨーロッパの新しい流れです。

みんなで育てた果物を、みんなで収穫します。例えばサイコロを振って赤が出たら赤色のサクランボを1つ収穫します。ところが、サイコロを振ってカラスの絵が出たら、カラスのジグソーパズルを一枚並べます。パズルが完成するまでにみんなで力を合わせて果物を全部収穫したらみんなの勝ち。カラスのジグソーパズルが完成したら、みんなの負け。カラスの絵が出るたびに、ドキッとします。

果樹園ゲームをもっと簡単にした「マイファースト果樹園」も作られました。くだもののサイズが大きいので赤ちゃんのいる家庭でも安心です。ゲームも早く終わります。色がわかる年齢から遊べます。

f　クイップス

ボードに描かれた絵に穴があいていて、その穴に同じ色のチップをのせて絵を完成させるゲームです。色目のサイコロと1から3までの目のサイコロを同時に振って、サイコロの指示通りの色と数のチップをボードにのせてい

クイップス

きます。早く絵を完成させた人が勝ち。

クイップスのいろんな遊び方

・チップをのせるあそびペグさしあそびのように各自が自由にボードに同じ色のチップをのせて遊ぶあそび

・色集めあそび

　大人が色のサイコロだけを振って、出た色のチップを各自が1つずつ取って絵を完成させるあそび

・数あそび

　大人が数のサイコロだけを振って、出た目の数だけ各自が好きな色を取って絵を完成させるあそび

・かごから順番にチップを取るあそび

　チップをいれたかごや袋を順番に回しながら1つずつ取っていくあそび。順番を守るのが難しい3歳ぐらいはこんな感じから順番を練習してみてください。

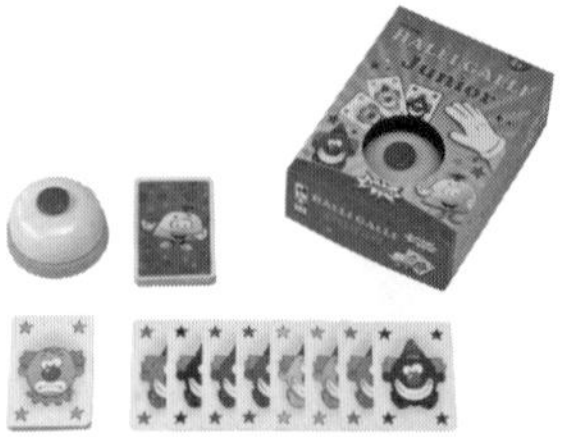

ハリガリジュニア

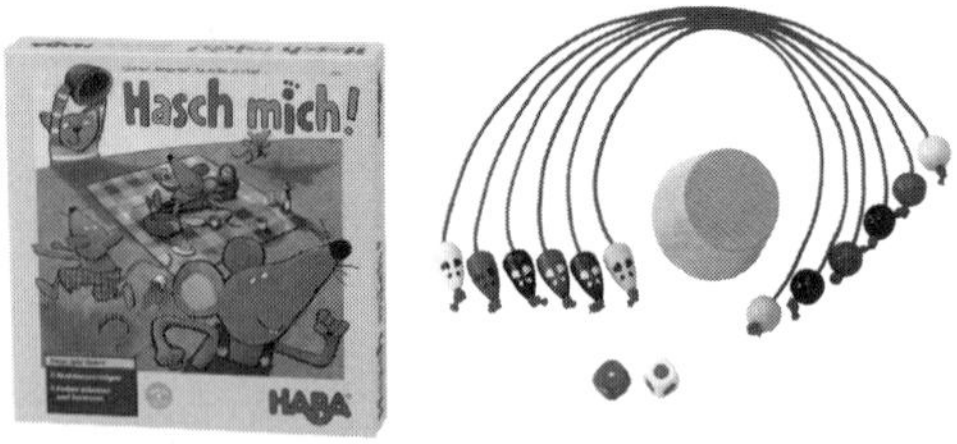

キャッチミー

・サイコロを順番に振るあそび
色だけや数だけ、あるいは両方を振って遊ぶ本来のあそび。振った人だけがチップをもらう。

②　大人も燃える競うゲーム　4歳くらいから

4歳を過ぎると、子どもは競うゲームが楽しくなるようです。ルールが理解できてくると仲間とワイワイ遊ぶのがますます楽しくなってきます。この頃のゲームは、大人も十分楽しめるゲームで、油断すると子どもに負けてしまうこともあります。大人のパーティーにも使える程の楽しさです。

a　キャッチミー

ネズミ取りゲームとも言われています。猫役の人が色目のサイコロを振ります。赤が出たら、急いで赤いネズミをカップで捕まえます。赤いネズミは捕まらないように急いで逃げます。もし、捕まったら猫役と交代です。ドキ

クラック

リングディング

ドキしてキャーキャ叫んでしまうゲームです。体育会系です。

b　ハリガリジュニア

各自が持っているピエロのカードを順番に場に出します。場にあるピエロカードと同じカードが出たら、早い者勝ちで中央のベルをチィーンとたたきます。早くたたいた人が場にあるカードを全てもらい手持ちカードに出来ます。でも、気をつけて！良く似ているけど違うカードがあります。あわててお手つきしたら、手持ちのカードをみんなに一枚ずつ配らなければいけません。体育会系です。

c　リングディング

場に出たカードの絵と同じように手の指にカラーの輪ゴムを早い者勝ちではめて、中央のベルをチィーンとたたきます。早くたたいた人がそのカードをもらいます。たくさん集めた人が勝ち。

スティッキー

アルケリーノ

d　クラック

色と形の2種類のサイコロを同時に振ります。サイコロに出た組み合わせの絵のあるディスクを早い者勝ちで取ります。例えば、赤色と花は赤い花全部取りなさい！の意味です。磁石のディスクを早い者勝ちでガチャガチャと引っ付けて取ります。たくさん集めた人が勝ち。

e　スティッキー

サイコロと同じ色の棒を抜いていきます。抜いた時に、残った棒たちが倒れたら負けです。どの棒を抜いたらいいかドキドキします。

f　ドブル

2枚のカードに必ず同じイラストがあります。早く見つけた人が勝ち。良く似たイラストや大きさが違ってたりするので混乱してしまいます。たくさん集めたら勝ちや手持ちカードを早く無くしたら勝ちなどいろんな遊び方があります。

子やぎのかくれんぼ

花あわせ

g　アルケリーノ

問題集の指示にしたがって全ての動物を船にのせるゲーム。論理的思考を育てます。一人で遊ぶのですが、グループで遊ぶと問題解決の練習になります。1から60番のうち40からは大人が真剣になります。2歳や3歳の子どもには、答えと同じように並べるあそびなら出来ます。

h　花あわせ

日本の花鳥風月を楽しむ神経衰弱。3枚1組なので、3枚揃える難しい遊びもできます。

i　子やぎのかくれんぼ

6色の缶にそれぞれ5匹の子やぎが隠れています。サイコロの色と同じ缶の中に何匹隠れているかを当てます。正解者は缶から一匹もらいます。七匹集めたら勝ち。でも、気をつけて！間違えると狼にさらわれてしまいます。

ドブルキッズで遊ぶ子ども

③　大人も頭をひねるゲーム　5歳ぐらいから

5歳を過ぎてくると、複雑なルールを理解して、全体を見通して遊ぶことができるようになってきます。このころに与えるゲームは、ほんとうに大人も頭をひねる程の難しさです。大人も真剣になってプレイしないと子どもに負けてしまいます。大人も子どもも真剣に遊べるゲームって素敵ですよね。

a　カルテット（家族合わせゲーム）

4枚で1セットになっている絵カードを集め、たくさんのセットを作った人が勝ちのゲーム。トランプのように配られた自分の絵カードの仲間を4枚集めるために、他の人に「○○さん△△ください」と指名して集めます。言い当てられた人は正直にそのカードを渡します。ハズレるまで指名して集めます。ハズレたら次の人の順番です。このゲームは、自分の順番

ぶたは飛べるの？

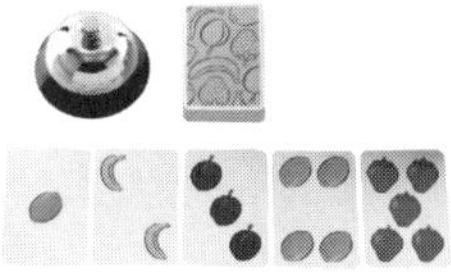

ハリガリ

いない、いない、動物

と違う時に、誰が何を誰から欲しがっていたかを、しっかり聞いて覚えていないと勝てません。5歳~6歳でできたらうれしいゲームです。

b　いない、いない、動物（動物さがし）

場にカルタのように5種類の動物を5色ずつ25枚並べておきます。真ん中には4色4種類の動物が描かれているカードを伏せて積み上げておきます。伏せてあるカードを一枚おもてにすると、4色4種類の動物のカードが見えます。そのカードにない色の、いない動物を、25枚の場にあるカードから早く見つけた人が勝ちというゲーム。

c　ハリガリ

いろんなフルーツの1個から5個までのカードがあります。各自が場に自分のカードを出していきます。場に同じフルーツで5個の組み合わせが出来たら早い者勝ちでベルをたたきます。算数の5の合成のあそびです。計算が早くなり、算数の繰り上がりの理解を助けます。世界中で大ヒットしたゲームです。

ストーリーキューブ

スピードカップ

d　ぶたは飛べるの？

動物の特徴を当てるゲームです。足は何本か？草食か？絶滅危惧種か？……意外な動物が絶滅危惧種だったりします。動物が大好きな子どもに人気で、追加の動物カードが発売されました。このゲームを通じて、たくさんの子どもたちが地球の環境に興味を持ってくれるとうれしいです。

e　ストーリーキューブ

いろんなイラストのサイコロセット。2個や3個同時に振って、お話を作る。楽しいお話ができたら拍手！

f　スピードカップ

カードの指示にしたがってカップを並べたり積み重ねたりします。早く並べてベルをたたいた人が勝ち。

g　レシピ

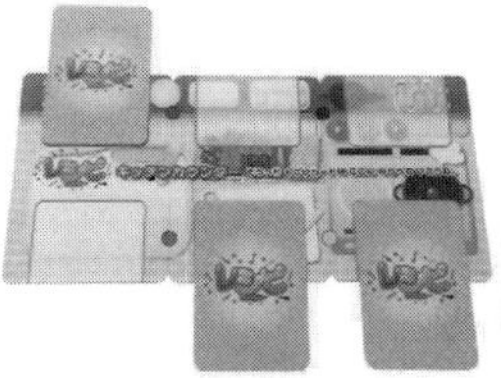

集まった[ぐざいカード]はキッチンカウンターに並べる事で、あと何が必要かが一目でわかります。

レシピ

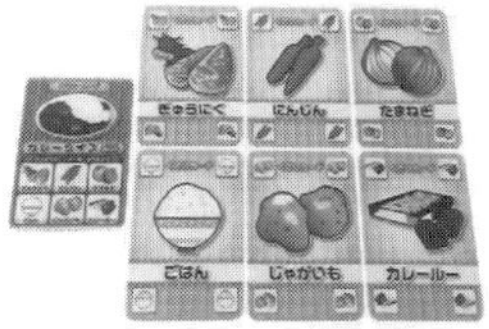

1つのメニュー(料理)を完成させるには6種類の[ぐざいカード]を集める必要があります。

レシピ

メニューカードの指示にしたがって早く必要な具材を集めた人が勝ち。勝つために、少し意地悪もします。食育にもなるゲームです。和食版も出来ました。

あそび方の応用編

・カルタとり

具材カードを広げて取り札に、メニューカードを読み札にします。読み手が「今日はカレーライスを作ります！にんじん！」「はい！」

・お買い物あそび

場に具材カードを広げ、メニューカードを裏向けで各自一枚ずつ配ります。よういどん！でメニューカードを見て、早く具材を集めた人が勝ち。

・絵合わせロットあそび

具材カードを裏向けて場に広げます。メニューカードを各自一枚ずつ配ります。一枚だけめくる神経衰弱。早く集めた人が勝ち。

・メニューカードを10秒見せて記憶して、絵が見えるように並べた具材カードを、正しく集めた人が勝ちのルール。
・大人が子どもに見せないようにメニューカードを見て、具材を並べて行きます。早くメニューを言い当てた人が言い当てた人が勝ちのルール。

④ 小学生からのゲーム

4歳以上のゲームは小学生も大人も楽しめます。さらに、9歳ぐらいからは囲碁や将棋のような先を見通して作戦を考えるゲームが増えてきます。

a ノイ

足し算の繰り上がりのゲーム。101までの足し算をしていきます。引き算のカード、パスカードなど使いながら101を越えないようにします。もし、101になってしまうと足し算は出来ません。足し算カードしか持ってない人は負けです。誰が最後まで生き残れるか！というゲームです。

デジット

ファウナジュニア

ラビリンス

b　スコットランドヤード

ミスターエックスを刑事のチームプレーで24時間以内に捕まえるゲームです。地下鉄やバスなどを駆使してミスターエックスを包囲していきます。東京版も作られました。

c　ラビリンス

動く迷路を上手く通り抜けて宝物を取りにいきます。迷路をどのように動かせば道がつながるかを考えるゲームです。

e　ファウナジュニア

動物の特徴を当てるゲームです。ぶたは飛べるの?はスピードを競いますが、このゲームはじっくり、ゆっくり進みます。１６０種類の動物を楽しめます。

f　デジット

マッチ棒パズルのようなゲームです。場に5本の棒で作られた模様を一本

だけ動かして、自分の手持ちカードと同じ模様にします。出来たらカードを捨てます。手持ちカードが無くなったら勝ち。

あそび方の応用編

・形を作るあそび

各自に5本ずつ棒を渡します。場のカードをめくって、早く同じ模様を作った人が勝ち。

・同じ模様を作るあそび

動かす棒の数を増やすと簡単になります。

ドイツのおもちゃ屋さんには、ジグソーパズルの売場のようにゲームが並んでいます。子どもが「ゲーム買って！」と言うときは、このような家族で遊ぶゲームや、友だちと遊ぶゲームのことです。

日本の子どもたちは、機械のゲームが中心です。日本の子どもたちにもたくさんの人と向かい合うゲームをして欲しいものです。昔、子どもが外で日しが暮れるまで遊んでいた時代、家の中でも本将棋以外のあそびをいっぱいしていました。はさみ将棋、山くずし、将棋倒し、ひよこまわしなど、知っていますか？　ゲームあそびが、人とかかわる力を育てるあそびのジャンルであることから、「家族でゲーム」という文化をもう一度日本に根付かせたいと思っています。遊んで育つは本当だから…。

〔11〕イメージを遊ぶ

① ごっこあそびを育てる

一人ひとりが主人公になって遊んでいた子どもが幼児期になると友達と一緒に遊びたくなってきます。一緒に遊ぶためには何を一緒に遊ぶかを相手に伝えないといけません。料理を作る遊びをするとしたら、みんなが料理をバラバラにしているのでは面白くありません。「今日は私が料理を作るからあなたは子どもの役になってね」とイメージを共有して、役割を分担することが大切です。

「ご飯出来たよ！子どもたち帰っておいで！早くしないと冷めてしまいますよ！」とセリフを言います。食べた後は残った食べ物を片付け、食器を洗い、テーブルを拭いて終わります。これは、小さな劇です。

ストーリーがあり、役割があり、セリフや仕草を演じるあそびです。同じストーリーを知らない子どもたちは一緒に遊べません。バーベキューを体験した子どもとしてない子どもはどこかでズレてしまいます。近年、子どものままごとあそびが下手になっているのは、ままごとを知らないからです。台所仕事などを見たり手伝ったりしていないからです。逆に、テレビで見たキャラクターごっこはすぐに盛り上がるのはイメージを共有しているからです。

同じ絵本を読んでもらった子どもは同じストーリーを楽しめますし、与えられた役割を演じることが出来ます。子どもたちがごっこあそびを楽しめるために、大人は子どもにもっと日常生活を経験させてあげたり、良質なお話をしてあげる必要があります。

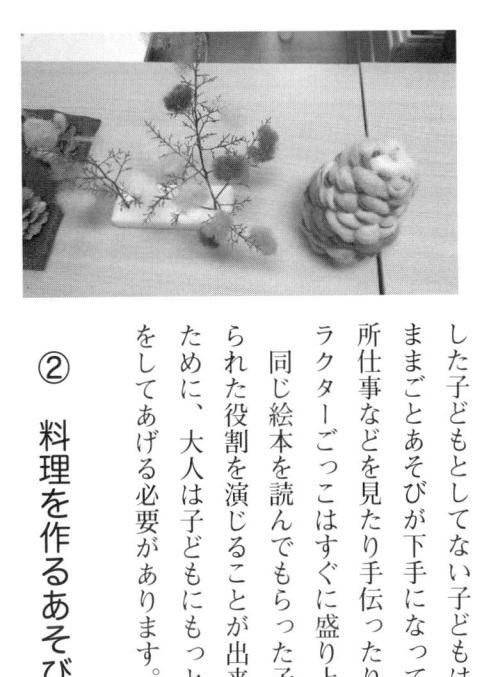

② 料理を作るあそび

イメージをふくらませて遊ぶためには料理の具材は花はじきやチェーンリングやお手玉のような見立てがきくものがおすすめです。白色のおはじきは

ソフトベビー

ご飯になったり生クリームになったり、ミルクになったりします。形ある具材はお買い物あそびには向いていますが料理を作るあそびには向いていません。逆に、お鍋やフライパンなどの道具は見立てがきかないものが遊びやすいです。フライパンにはフライパンの役割があり、フライパンを使うあそびが盛り上がります。フライがえしがあるともっと楽しくなります。

③ 育児・洗濯・掃除

ごっこあそびは日常生活を学び、日常生活に必要な言葉や人と関わる力を育てる大切なあそびです。大人は子どもに興味を持って欲しい日常生活の場面を考えて道具を揃えてあげましょう。

赤ちゃんを育てるあそびにはソフトベビー、おむつ、ベビーカーなど。

料理にはレンジやオーブン、冷蔵庫、食器、調理具など。洗濯には洗濯機、布、洗濯ばさみなど。

マイファーストドールハウス

④ 人形劇

人形を使って友達とストーリーを楽しむあそびに人形劇があります。赤ずきんちゃんごっこには狼やおばあさんや赤ずきんちゃんなど。舞台装置も作ったら楽しいです。

⑤ ドールハウス

家族の人間関係や家の空間の役割を学ぶあそびです。家族人形を使って、私たち大人のやり取りをリアルに遊んでくれます。

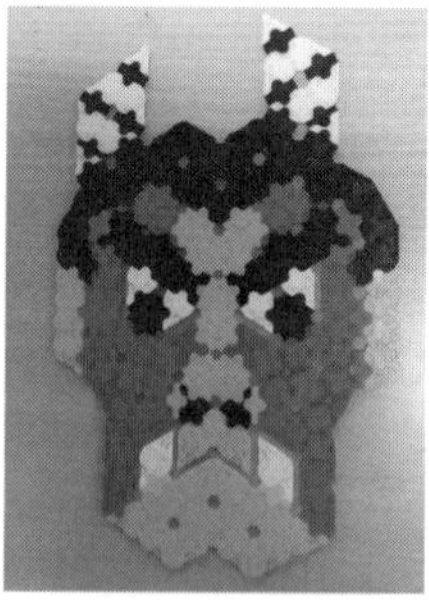

[12] 広がる世界

① まわりの世界はおもしろい

3歳前後の子どもは「自分がする！」「自分のもの！」と「自分」にこだわります。気持ちがいつも自分の方に向いている時期です。

それが一段落してくると、今度は、まわりの世界が見えてきます。今までは自分と相手という関係が中心だったのが、第三者同士の関係、AさんとBさんの関係が見えてきます。世界は、自分を中心に回っているのではなく、何かの法則や、約束のようなもので動いていることが感じられてきます。

この時期に子どもは自分の周りの世界に興味を持ちだし、それを自分なりにわかろうとし始めるのです。

大人はどんな仕事をしているのか？　どんな職業の人は、どんなセリフを

ドールハウス

言い、どんな道具を使うのか？　駅はどのような役割をもっているのか？牧場と動物園とジャングルは、どうちがうのか？

などを興味深く考え、観察し始めます。この時期に大人は子どもにどんどん社会見学をさせ、いろんな職業と出合わせて欲しいものです。

② 社会に興味をもって遊ぶあそび

a　ドールハウスあそび

はじめは、自分と友だちとの関係にしか興味がなかったのに、だんだんと友だちと友だちの関係まで見えてきます。女の子は男の子より早く成長することもあって、4歳くらいの女の子は、人のうわさ話をしたりします。おじいさん、おばあさんの関係もわかってきます。自分とお母さんの親子関係がお母さんとおばあさんの間にもあることがわかって「大阪のおばあちゃんは、お父さんのお母さんで、京都のおばあちゃんは、お母さんのお母さん」と説

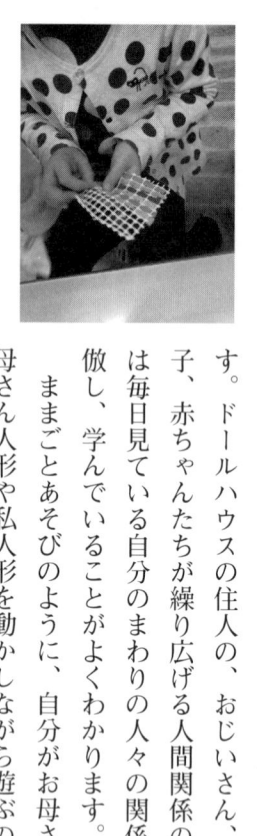

明してくれます。

「いとこ」とか「おじさん」は、幼児期にはまだ難しいらしく、家系図を説明して理解できる小学生になってからわかるようです。人間関係を理解することは、簡単ではないようです。

この人間関係の基礎としての家族の人間関係を遊ぶのが、ドールハウスです。ドールハウスの住人の、おじいさん、おばあさん、父母、女の子、男の子、赤ちゃんたちが繰り広げる人間関係のドラマを観察していると、子どもは毎日見ている自分のまわりの人々の関係を、人形を使うあそびを通じて模倣し、学んでいることがよくわかります。

ままごとあそびのように、自分がお母さん役になって遊ぶのではなく、お母さん人形や私人形を動かしながら遊ぶので、人間関係を遊んでいるのです。子どもは良く観察していて、大人はドキッとさせられることがよくあります。

またドールハウスのあそびは、家のレイアウトのあそびでもあります。台所はどこにあって、どんな役割をもっている空間か？などを考えて遊びます。子どものあそびを見ているとインテリアコーディネーターのように家具の並べ替えを楽しんでいます。これも、「家」が持っている役割を、人間関係とからませて学んでいるのでしょう。

ドールハウスは、大人が飾っても楽しいあそびです。親から子へ、子から孫へ手渡していけたらいいですね。

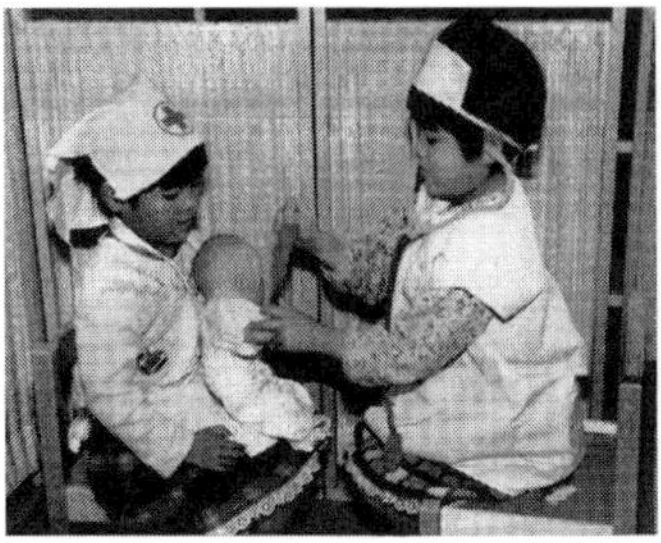
お医者さんごっこをする子ども

b　大人はいろんなおもしろい仕事をしている

大人のいろんな職業にも興味が向いてきます。外出した時に出合うレストランのウェイトレスやレジの人。お店の店員さんの仕事。ファーストフードのカウンターでのやりとりなどがとても面白く見えてきます。お医者さんや看護師さんの役割、運転手と車掌さんの役割。工事現場の仕事や大工さんの仕事。美容師さんのセリフと仕事の手順など見たこと経験したことをごっこあそびを通して学ぼうとしています。

ある時、5歳の子どもが保育園で病院ごっこをしていました。見ていると椅子を並べてベッドを作り、ペットボトルを逆さにし、ひもをつないで点滴を作っていました。担任の先生に聞いて見ると、その子は一週間ほど入院し

パズル春

パズル夏

ていたそうです。自分が経験した入院生活を友達に伝えるために再現していたようです。子どもはこんな風にして社会を学んでいるのです。子どもの素直な興味が社会に向き、いっぱい憧れる職業と出合い、ごっこあそびをして欲しいと思います。

c　街はおもしろい

自分の家はどんなところにあるのか？駅から遠いのか近いのか？学校はどっちの方向にあるのか？道にある標識はどんな意味があるのか？大きな駅と小さな駅の周辺にはどんなお店があるのか？田舎ってどんな感じなのか？牧場と動物園の違い？子どもは自分の生活圏を知ろうと思っています。子どもの素朴な質問やとんちんかんな意見を大事に受け止めてあげてください。

d　世界は広くておもしろい

地図を見て中国やアメリカはどこにあるのか？どのくらい遠いのか？どんなに大きいのか？どんな言葉を話し、どんな美味しい食べ物を食べているの

パズル秋

パズル冬

か？　子どもの興味は遠い世界にも向いていきます。

ｅ　ドイツのジグソーパズル

ジグソーパズルは、子どもの好きなあそびです。日本で作られているものとドイツで作られているものを比べてみると、デザインの選び方が違っています。日本のものは、子どもが好きなキャラクターものが中心です。ドイツのものは、写真にあるように、駅やガソリンスタンド、農園や牧場など、子どもが興味を持つだろう社会の風景が中心です。子どもの関心を日常生活、社会、自然や宇宙へもっと向けさせたいと大人が願っているからでしょう。

子どもを喜ばせたい気持ちは、世界共通です。でも、わざわざ大人が作って子どもに与えるものは、その国の大人の文化によって違ってくるのです。私たち大人は、子どもに何を優先的に選んで見せてあげたいと思っているのでしょうか。遊園地やゲームセンターも楽しいでしょうけれど、それだけではないように思います。おもちゃの問題は、大人の問題ではないでしょうか。

③ 自然は不思議でおもしろい

明るい昼があったり暗い夜が来たり、春の次は夏がきたりするのはなせだろう？　公園や道にいろんな生き物がいて不思議！　生まれきたり死んだりして不思議！　水は氷になったり、なくなってしまったりして不思議！　なんで雲になったりするのかな？　風は何処からくるの？　私たち大人も知らない、人類がまだ発見できていない真理や法則が私たちのまわりにいっぱいあります。自然の真理や法則を子どもは未来発見してくれる存在です。幼児期の子どもの興味は自然の不思議にも向いていきます。

[13] 社会や自然をあそぶおもちゃ

① 社会や自然がおもちゃ

子どもにとっておもちゃ屋で売っているものだけがおもちゃではありません。子どもが自発的主体的に興味を持って関わるもの全てがおもちゃです。石ころ集めが地学になり、虫の観察が生物学や生命科学になっていきます。大きなけがをしない、人の迷惑にならない限り、子どものチャレンジは尊重してあげたいものです。危険を教え、人の迷惑を教えながら、もっとしていいよと言える状況を作ってあげたいものです。

② 社会を遊ぶ

大工さんセット

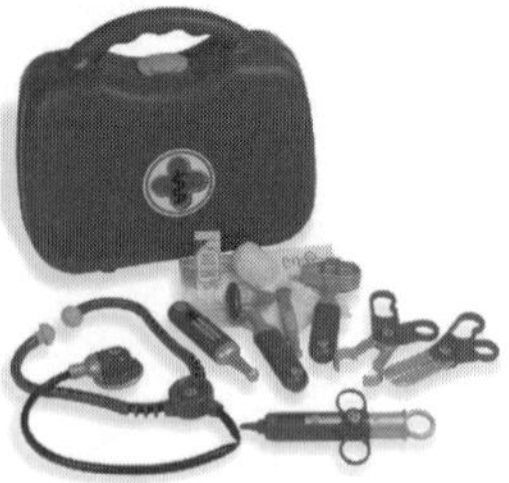

お医者さんセット

ブラウンビューティーセット

a　職業ごっこに必要なおもちゃはそれぞれの仕事で一番象徴的なものです。お医者さんであれば聴診器や注射。美容師さんなら椅子とタオルとドライヤー。大工さんならハンマーとドライバー。

b　お店屋さん

粘土や紙を丸めてたこ焼きを作るとたこ焼き屋さん。食品のから箱を集めるとお買い物あそびができます。

c　街づくり

家やビルや道には積木、川や海は布やビニールなど。動物や人の積木やミニカーや標識があると楽しくなります。

d　地図・地球儀

地元の住宅地図や日本地図。世界地図や地球儀が子どもの世界を広げてくれます。民族衣装のファッションショーも大好きです。

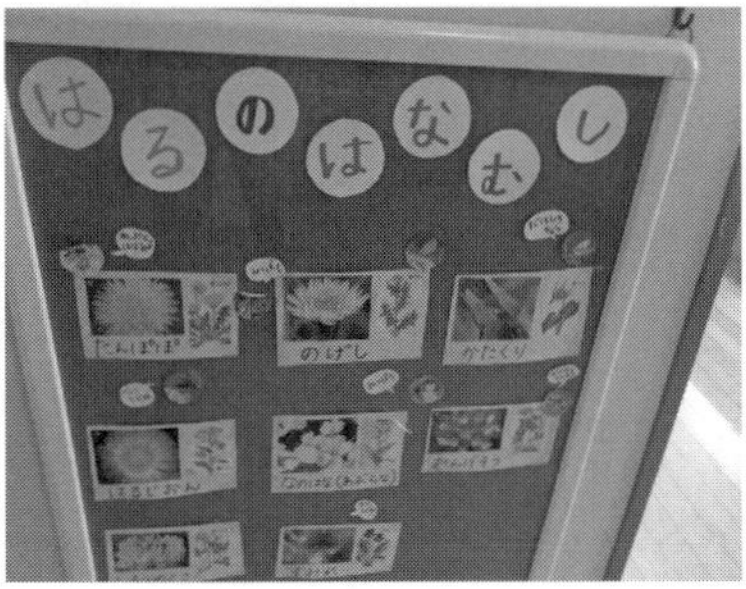

③ 自然を遊ぶ

都会にいると自然を身近に感じることができません。便利なドアツウドアの暮らしだとほとんどが人工的空間で育ってしまいます。一見、人類が自然を使いこなしているように見えますが、アスファルトの下は地球が生きています。人類は第2の地球を作る科学技術を持っていません。地球や自然の摂理にもっと謙虚で自然から学ぶ姿勢が大切です。未来の科学者になる子どもたちに意識的に自然体験を与えないと普通では出合えない時代になったようです。

a　虫めがね

身近な不思議の入口は虫めがねです。デジカメや写メも子どもの良い道具になります。

望遠鏡・虫めがね

自然観察ボックス

b　顕微鏡

顕微鏡は倍率の低いものがおすすめです。虫めがねの先が見える30倍ぐらい。

c　望遠鏡

近づくと逃げてしまう遠くの鳥を見たりしましょう。プラネタリウムや天体望遠鏡も見に行けるといいですね。

d　図鑑やインターネット

身近な知識に便利なのは図鑑やインターネットです。子どもの興味がわいた時に大人と一緒に見るといいです。

しかし、一番は本当の体験です。図鑑で山菜やきのこを採るのは難しいです。ベテランの人と一緒に行って五感を使って学習することが大切です。視覚だけや視覚と聴覚だけでは真理を感じとることは難しいです。

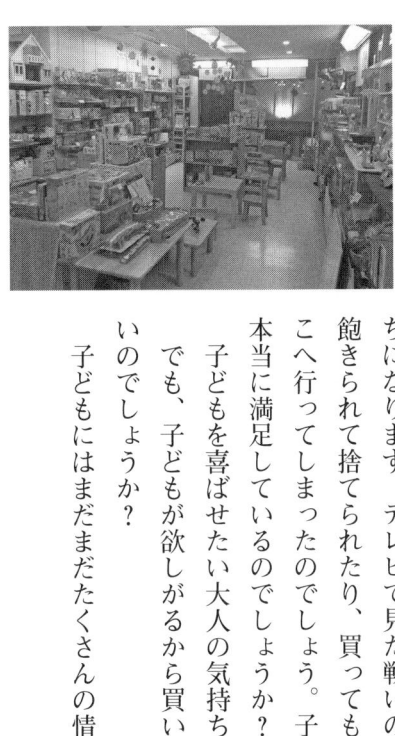

キッズいわきぱふ 2F
ゲームコーナー

おわりに

豊かな時代の子どもたちは、たくさんのおもちゃに囲まれて育っています。たくさんの情報が、子どもを刺激して、新しい欲求を生み出します。高価なものからおまけまで、子ども部屋にはものがあふれています。それらのおもちゃで子どもがどのようなあそびをしているのかを見たときに、残念な気持ちになります。テレビで見た戦いのシーンを再現するだけだったり、すぐに飽きられて捨てられたり、買ってもらうときに見せたあの情熱的な思いはどこへ行ってしまったのでしょう。子どもは、そのおもちゃを手にすることで本当に満足しているのでしょうか？

子どもを喜ばせたい大人の気持ちは、間違ってはいないでしょう。

でも、子どもが欲しがるから買い与えるだけの「おもちゃの与え方」で良いのでしょうか？

子どもにはまだまだたくさんの情報を正しく判断し、自分に本当に必要な

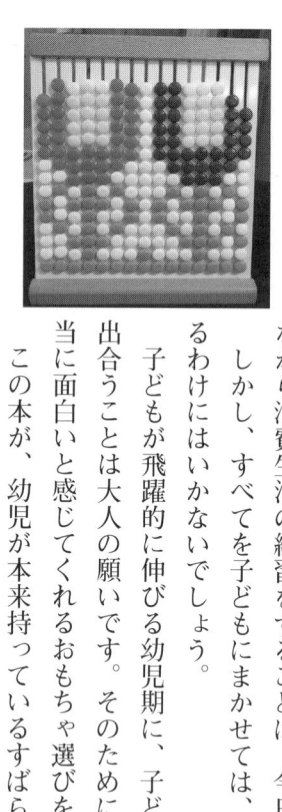

ものを選ぶ力が充分に育っているとは思えません。もちろん、失敗を経験しながら消費生活の練習をすることは、今日大切なことです。

しかし、すべてを子どもにまかせては、その結果の責任を子どもに取らせるわけにはいかないでしょう。

子どもが飛躍的に伸びる幼児期に、子どもの成長を助ける良い遊び道具と出合うことは大人の願いです。そのために、幼児の遊びの特徴を理解し、本当に面白いと感じてくれるおもちゃ選びをしたいものです。

この本が、幼児が本来持っているすばらしい力を発揮することに少しでも役立てばと思っています。

掲載写真のご協力をしていただいた園様（敬称略、順不同）

今富そらのとり保育園
東条保育園
浦堂認定こども園
やまと保育園
ひかり学園
山嶋保育園
稲荷保育園
めぐみ保育園

加茂保育園
仁慈保幼園
やまぼうし保育園
野ばら第二保育園
伊丹ひまわり保育園
かえで保育園
池田保育園
八田荘こども園

岩城敏之（いわき　としゆき）

1956年3月5日生。同志社大学経済学部卒業。

1987年、絵本とヨーロッパの玩具の店「ぱふ」を開業。KBS TV「アムアム830」に1年半レギュラー出演。1989年より6年間、マッキー総合学園・日本こども文化専門学院講師。

絵本『メチャクサ』翻訳（アスラン書房）・『シーザーのハにかんぱい』翻訳（アスラン書房）・『デイジー』『デイジーはおかあさん』翻訳（アスラン書房）・かいじゅうくんとかえるくんのシリーズ絵本『あかちゃんとおるすばん』『はがいたいかいじゅうくん』『たのしいうんどう』『うみのぼうけん』翻訳（アスラン書房）・『子育てのコツ（正・続）』『つみ木あそびの本』『子どもが落ち着ける7つのポイント』『子どもの遊びを高める大人のかかわり』『笑ってまなぶ子育てのコツ』『家庭教育力を育む保育』『赤ちゃんのおもちゃ』（三学出版）

NHK『すくすく赤ちゃん』「赤ちゃんのおもちゃ特集」（93年3月号）「赤ちゃんとのコミュニケーション術」（93年1月号）・「おもちゃであそぼう 」（94年3月号）・「おもちゃの教室」（98年9月号）

現在（有）キッズいわき・ぱふ代表

子どもたちにおもちゃを貸し出し、遊ぶ様子を見ながら、子どもの遊びの環境や玩具・絵本について、幼稚園、保育園、児童館の職員研修の講師として活動している。

家族は妻と子どもが3人、孫4人

京都府宇治市宇治妙楽31　〈URL〉http://www.kidspuff.com

連絡先 キッズいわき ぱふ 宇治店　TEL 0774-24-4321

メール：mail@kidspuff.com

キッズいわきぱふ公式インスタグラム：instgram.com/kidsiwaki_puff_official

岩城敏之インスタグラム：instgram.com/kidspuffiwaki

岩城敏之 youtube：岩城の遊びとおもちゃで検索

大人も感動する

幼児のおもちゃ

——子どもを伸ばすおもちゃの選び方・与え方

2016年3月25日初版発行

2021年7月10日2刷発行

著　者　岩城敏之

発行者　中桐十糸子

発行所　三学出版有限会社

〒520-0835 滋賀県大津市別保3丁目3-57 別保ビル3階

https://sangakusyuppan.com/

ⓒ IWAKI TOSHIYUKI

モリモト印刷（株）印刷・製本

●岩城敏之(キッズいわき・ぱふ代表) 著

子育てのコツ

—絵本とおもちゃを通して

続・子育てのコツ

—上手な自由の与え方

子育てに元気が出る本　各本体 1000 円

自由な時代の現代の子どもたちとうまくつきあう方法を、先生やお母さんやお父さんにわかりやすく語ります。

新版子どもが落ち着ける７つのポイント

—保育の環境づくり　本体 952 円

子どもの遊びをたかめる大人のかかわり

——斉保育と環境設定保育は矛盾しない　本体 1000 円

つみ木あそびの本

本体 1000 円

つみ木のいろんなパターンがいっぱい。こんなつくりかたがあるのかとびっくり。

赤ちゃんおもちゃ

０歳から３歳まで　遊び方と選び方のヒントがいっぱい。楽しくて、赤ちゃんの能力が伸びるおもちゃとあそびの本　本体 1200 円

新版かしこいおもちゃの与え方

—あふれるばかりのおもちゃの中で　本体 1500 円

笑ってまなぶ子育てのコツ

—けんかやトラブルはこわくない　本体 1000 円

家庭教育力を育む保育

—いま、幼児教育に求められいるもの　本体 1000 円

三学出版　http://sangaku.or.tv　tel/fax 077-525-8476